일본 원전 대해부

原発の闇―その源流と野望を暴く

赤旗編集局 著
ⓒ 2011 赤旗編集局

이 책의 한국어판 저작권은 新日本出版社와 독점 계약한
도서출판 당대에 있습니다. 저작권법에 의해 한국 내에서 보호를 받는
저작물이므로 무단전재나 복제, 광전자 매체 수록 등을 금합니다.

일본 원전 대해부

누가 원전을 재가동하려 하는가

초판 1쇄 인쇄   2014년 4월 14일
초판 1쇄 발행   2014년 4월 20일

지은이   신문 아카하타 편집국
옮긴이   홍상현
펴낸이   박미옥
디자인   이원재

펴낸곳   도서출판 당대
등록   1995년 4월 21일 제10-1149호
주소   121-838 서울시 마포구 합정동 355-7 1층
전화   02-323-1315~6   **팩스**   02-323-1317
전자우편 dangbi@chol.com

ISBN   978-89-8163-161-1   03300

일본 원전

「신문 아카하타」 편집국 지음
홍상현 옮김

누가 원전을 **재가동**하려 하는가

대해부

당대

한국 독자들에게

2011년 3월 11일 동일본 대지진으로 일어난 도쿄전력 후쿠시마 제1원자력 발전소 사고는 원전에 대한 일본국민의 인식을 극적으로 바꾸어놓았습니다.

2013년 12월 현재 일본에는 총 50기의 원자로가 있지만 가동중인 원전은 단 한 기도 없습니다. 모두 멈추었습니다. 정부와 전력회사는 연일 재가동의 기회만 노리며, 온갖 책동을 거듭하고 있습니다. 이에 제동을 걸고 있는 것이 바로 '원전 제로'를 바라는 국민여론의 확대입니다.

정부와 재계 그리고 전력회사는 "원전이 사라지면 경제와 국민생활이 유지될 수 없다"는 위협을 되풀이했지만, 국민들은 결코 속지 않았습니다. 실제로 원전이 멈추고 가동률 제로가 되어 있는 지금, 일본의 경제와 생활은 아무런 문제 없이 유지되고 있습니다. 전력부족이 피크에 달할 것이라던 여름철에도 단지 간사이(関西)전력의 원전 2기가 가동되었을 뿐입니다. 오히려 절전을 위한 국민적 노력에 힘입어 잉여전력까지 발생했습니다.

국민의 의식을 바꾸어놓은 가장 큰 요인은 바로 원전사고
의 결과로 나타난 후쿠시마의 참상이었습니다. 사고 후 3년 가까
이 지난 지금까지도, 방사능 오염은 여전히 후쿠시마 주민들을
괴롭히고 있습니다. 현(縣) 내외의 피난민은 15만 명이나 되며, 농
업, 어업 등 지역산업은 심각한 타격을 받아 주민생활과 농업은
위협에 직면해 있습니다.

원전은 한번 사고가 일어나 방사능이 외부로 유출되면 인
류의 힘으로 제어할 수 있는 수단이 없고, 공간적·시간적 그리
고 사회적으로 피해가 이어지게 되는 '이질적 위험'을 안고 있습
니다. 후쿠시마의 현실을 통해 일본국민들은 이미 다른 사고들
과는 차별되는 원전사고 특유의 '이질적 위험'을 목격한 것입니
다. 이토록 위험한 원전이 세계적인 지진·지진해일 위험국가인
일본에 계속 존재해도 되는 것일까요. 도대체 '안전한 원전'이 세

상에 있기는 한 것일까요. 오늘날 일본에서는 원전과 관련한 심도 있는 국민적 논의와 원전 재가동 반대운동의 확대 등으로 '원전 제로의 일본'을 바라는 국민여론이 절대 다수를 차지하게 되었습니다.

후쿠시마 제1원전 사고와 관련, 현재 가장 시급한 해결이 요구되는 사안은 다름아니라 계속적으로 늘어나고 있는 방사능 오염수와 해양오염의 문제입니다. 그럼에도 불구하고 아베 신조 일본 총리는 2013년 9월 부에노스아이레스에서 한 올림픽 유치 연설에서 "상황은 제어되고 있다. …[사고의] 영향은 항만 내에서 완전히 차단되어 있다"고 말했습니다. 엄연한 진실을 왜곡하는 이 발언은 국내외로부터, 방사능 오염에 시달리고 있는 후쿠시마 주민들의 명예를 실추시킴은 물론 일본과 세계를 속이는 것이라는 호된 비판을 받았습니다.

아베의 발언에 가장 놀라고 분노했던 사람들이 바로 후쿠시마 어민들입니다. "오염수를 항만 밖으로 나가지 못하도록 완벽하게 차단했다니, 그게 말이 되는가. 조수(潮水)의 왕래도 있고, 애초에 항만 자체가 먼바다를 향하고 있는데" "유치활동을 하면서 '도쿄는 후쿠시마에서 50킬로미터 떨어져 있다'고 하는 소리를 하더라. 후쿠시마 주민들만 소외받고 있는 느낌이다" 등과 같은 이야기들이 계속 들려왔습니다. 심지어 도쿄전력조차 아베의 발언에 대해 "바닷물의 움직임 자체가 완전히 멈춘다고는 생각하지 않는다"며 그 진의를 문제삼게 되는 웃지 못할 사태까지 일어났습니다.

현재 후쿠시마 원전이 직면해 있는 오염수 문제의 핵심은, 멜트다운(노심용융)이 일어난 핵연료가 담긴 원자로 내부에서 고농도의 방사능 오염수가 유출되었다는 사실입니다. 핵연료를 식히기 위해 주입했던 물이 사고로 파괴된 원자로 용기(reactor vessel)로부터 흘러나오고 있는 것입니다. 게다가 고농도 오염수로

가득 찬 원자로 건물 지하로 하루 400톤의 지하수가 유입되어, 시시각각 오염수의 양이 불어나고 있습니다. 방사능 오염수는 망가진 원자로 용기가 보수되고 원자로 건물에 지하수의 유입이 중단되는 그 순간까지 계속 불어나게 될 것입니다. '제어되고' 있기는커녕, 현재 오염수가 어디서, 어떻게, 얼마나 유실되고 있는지조차 파악이 힘든 상태인 것입니다.

정부와 도쿄전력이 오염수 문제에 이렇듯 허술한 대응으로 일관한 것은 "오염수는 곧장 바다로 흘려보내면 된다"는 안이한 생각을 가지고 있었기 때문입니다. 방사능을 희석시켜 바다로 흘려보낸다는 문제해결 방식이 후쿠시마 주민들은 물론 국제적으로도 납득을 얻을 수 없는 것은 당연한 일입니다.

일본공산당은 "오염수 문제의 위기 타개를 위한 긴급제언" (2013년 9월)을 발표하고, 정부를 향해 "방사능으로 바다를 더럽히지 않을 것"을 기본 원칙으로 삼도록 촉구하는 동시에, 문제의

해결을 위해 인적·물적 자원을 집중시키고 원전·에너지 문제에 학자, 기술자, 산업계 등이 서로의 입장을 초월해 지혜와 역량을 결집해야 한다고 호소했습니다. 오염수 문제 해결은 원전사고의 완전한 수습과 더불어 장기적으로 해결해 가야 할 과제입니다. 이 총체적인 위기의 타개와 관련하여, 미봉책을 넘어선 보다 근본적이고도 장기적인 대책을 수립하기 위해, 우리의 '긴급제언'이 제시하는 방향으로 발상의 전환이 요구되고 있는 것입니다.

특히 우리가 좌시할 수 없는 것은 일본정부와 아베 정권이 원자력발전 사고를 통해 아무것도 배우려고 하지 않는다는 사실입니다. '레벨 7'의 체르노빌 원전 사고(1986년)만큼 심각한 원전 사고가 일어났음에도 아직까지 어떤 원인규명이나 수습조차 이루어지지 않고, 오히려 방사능 오염의 확대 위기에까지 직면하게 된 지금의 상황에서, 아베 총리는 안으로는 원전의 재가동, 밖으로는 원전수출을 앞장서 추진하는 행태를 보이고 있습니다.

사고는 여태껏 '현재진행형'이건만, 아베 정권이 전세계를 상대로 이토록 뻔뻔한 행위를 아무렇지 않게 저지를 수 있게 만들어주는 요인은 도대체 무엇일까요.

우리 『신문 아카하타』 편집국은 후쿠시마 제1원전 사고가 일어난 뒤로, '원전의 진실'을 다양한 각도에서 규명하는 한편, 사고의 배경에 자리잡고 있는 '이권'과 '종속'이라는 '두 가지 어둠'에 집중한 조사와 취재를 계속해 왔습니다. 『일본 원전 대해부』는 원전이 일본에 도입된 기원을 거슬러 올라가, 에너지정책을 둘러싼 대미종속 구조와 이른바 '원전 이익공동체'로 불리는 유착구조의 본질을 파헤치는 책입니다. 또한 이 책이 규명하는 '두 개의 어둠'은 아베 정권의 저 파렴치하고 무반성적인 행태와 그 본질을 꿰뚫고 있습니다.

이 책은 2011년 10월에 발행되어 일본의 많은 독자들에게 원전 추진세력의 실태를 추적하고 '원전 제로의 일본'을 지향하는 운동의 참고서로 활용되고 있습니다. 아무쪼록 이 책이 한국의 독자들이 원전문제를 생각하는 데 조금이나마 도움이 될 수 있다면 대단히 기쁘겠습니다.

2013년 12월

『신문 아카하타』 편집국을 대표하여

곤도 마사오(近藤正男, 편집국 차장 겸 편집센터장)

이 책은 "일본 원전 대해부: 누가 원전을 재가동하려 하는가"라는 제목에서도 볼 수 있듯이, 미국으로부터 일본에 도입된 원전의 '원류'(原流)를 살펴보는 한편, 세계 유일의 피폭국 일본이 어떻게 세계 유수의 원전대국(原電大國)으로 성장하게 되었는지를 추적함으로써 재계를 비롯한 원전 추진세력의 야망과 실태를 파헤치는 르포르타주입니다.

3·11 동일본대지진으로 일어난 후쿠시마 제1원전 사고는 "원전사고란 절대 일어나지 않는다"던 '원전 안전신화'의 붕괴에 결정타를 가했습니다. 그리하여 '정치의 거짓말'이 밝혀지고, 많은 국민들이 정치를 바라보는 시선이 바뀌어 과연 진실이 무엇인지를 새롭게 사고하기 시작했습니다. 최근, 그간 일본공산당이 원전의 위험성을 엄중히 지적하며 '원전 안전신화'에 경종을 울려왔다는 것을 알게 된 국민들께서 "거대 신문사와 TV가 알려주지 않는 정보를 알고 싶다" "일본이 정말 어떤 나라인지 알고

싫어졌다" 등의 말씀과 함께 당본부에 『신문 아카하타』의 구독신청을 하는 사례가 이어지고 있습니다.

『신문 아카하타』 편집국은 이와 같은 성원 속에 다양한 각도에서 원전의 진실을 파헤치는 취재를 해왔습니다. 그 결과 정치부, 사회부, 경제부를 망라하는 편집국 전체 차원의 조사 및 취재에 의해 '일본 원전 대해부', 즉 에너지정책의 대미종속 구조, 원전 이권과 관련된 유착구조 그리고 여론을 조작하는 사전공모의 구조가 드러나게 되었습니다. 이 책은 바로 이와 같은 성과를 집약·정리한 것입니다.

홋카이도전력과 규슈전력의 사전공모를 폭로한 『신문 아카하타』의 특종은 원전 추진세력의 부정을 만천하에 드러내는 한편, 원전 재가동, 플루서멀(Plu-thermal) 계획 추진 등에도 제동을 걸며, 일본사회에 실로 커다란 정치적 변화를 이끌어내고 있습니다.

"1. 규슈전력 사전공모 사건은 왜 일어났나?"는 이러한 일련의 사전공모 사건을 보도한 사회부의 특종을 상세한 내용을 첨가해 다시 쓴 것입니다.

"2. 원자력발전소의 기원과 미일관계"는 게재가 시작되자마자 한시바삐 다음 회를 읽어보고 싶다는 독자들의 반향을 불러일으켰던 정치부의 연재기사입니다. 연재는 일본에 원전 도입을 의식해서, 비키니 환초(環礁)에서 실시한 수소폭탄 실험으로 일본의 참치잡이 어선이 피폭된 '제5후쿠류마루 사건'의 영향을 최소화시키려 했던 미국의 음모를 폭로하고, 미일원자력협정에 따라 미국으로부터 농축우라늄 구입이 의무화되어 오늘날에 이르게 되는 과정을 재조명하는 내용 등이 골자를 이룹니다. 이와 관련해서 "일본의 원전개발이 미국의 일본지배와도 밀접하게 관련되어 있다는 사실을 알게 되었다"는 독자들의 감상이 이어졌습니다.

"3. 재계의 야망" "4. 추적! 원전 이익공동체"는 호평 속에 연재되었던 경제부의 기획기사입니다. 일본의 재계는 미국의 세계전략에 따라 원전이권을 둘러싸고 역대정권과 한통속이 되어 원전을 추진했습니다. 그 중심에 있던 전력회사, 원전 메이커, 거대 종합건설사, 철강·시멘트 메이커 등 원전과 관련해서 이권을 챙겨온 일부 대기업들이 원전추진파 정치가·특권관료, 일부 미디어 및 어용학자 등과 유착되어 날조를 거듭해 왔던 것이 바로 '원전이익공동체'라 불리는 이권집단의 실체인 것입니다.

　3장과 4장에서는 '원전 안전신화'를 만들어낸 장본인이기도 한 이 이권집단이 어떻게 국민들 사이에 '안전신화'를 퍼뜨릴 수 있었는지 — 국민을 우롱해 온 그들의 여론공작과 미디어대책의 실태를 낱낱이 밝히고 있습니다.

　이렇게 해서 이 책은 에너지분야에 확립되어 있는 대미종속의 시스템을 파고 들어가, '규제(rule) 없는 자본주의'의 원자력

관련 버전이라고도 할 수 있는 '원전 이익공동체'의 유착구조에 메스를 들이댐으로써 역대정권의 원전 추진정책이 비정상적인 대미종속과 극단적 대기업 중심주의라는 두 가지 문제와 떼려야 뗄 수 없는 관계에 있었다는 것을 규명하고 있습니다.

또한 이와 같은 원자력 추진정책, 그중에서도 '안전신화'를 확대·양산시키는 작업에 일본의 거대 미디어가 깊이 관련되어 있었음을 고발하며, 그 책임을 묻고 있습니다. 물론 이들 거대 미디어가 요즘 들어 후쿠시마 제1원전 사고를 경험한 후, '탈원전'으로 입장을 전환하고 있다는 것은 무척 환영할 만한 일이지만, 그렇다 하더라도 지금까지 벌여온 일들에 대한 진지한 반성과 자기검토를 피해 갈 수는 없을 것입니다. 진실을 전하고 권력을 감시하는 저널리즘 본연의 입장에 서지 않는 한, '원전의 진실'을 파헤치는 일이란 불가능하기 때문입니다.

후쿠시마 제1원전 사고가 일어난 지 반년도 더 지난 지금까지도 붕괴열, 오염수, 수소폭발 등의 문제들이 속출하고 있지만 사태해결의 전망은 요원하기만 합니다. 지금도 10만 명이 넘는 사람들이 피난생활을 하고 있으며, 온 국민이 방사능 피해의 위협에 노출되어 있습니다. 그리고 안전한 원전이란 있을 수 없다는 사실을 많은 사람들이 하루하루 몸으로 실감하게 됨에 따라 "원전은 필요없다"며 소리 높여 외치는 운동 또한 확산되고 있습니다.

하지만 '원전 제로의 일본'은 원전을 고집하는 세력과의 투쟁 없이 결코 현실화될 수 없습니다. 아무쪼록 이 책이 조금이라도 더 많은 분들에게 읽혀져 '원전 제로의 일본'을 만들어가는 데 일조하기를 바라마지 않습니다.

『신문 아카하타』를 대표하여
편집국장 오기소 요지

차례

3   재계의 야망

4 추적! 원전 이익공동체

1

규슈전력
사전공모 사건은
왜 일어났나
?

특종: 규슈전력 사전공모 메일 사건

"규슈전력이 사전공모(事前共謀) 메일을 발송" "겐카이(玄海) 원전 재가동을 촉구하는 투고를 관계회사에 의뢰"

『신문 아카하타』는 2011년 7월 2일자에서 관계자의 증언 및 내부문서 등을 근거로 규슈전력의 사전공모 메일 사건을 특종 보도해 큰 반향을 불러일으켰습니다. 규슈전력 겐카이 원자력발전소(사가 현 겐카이 초 소재) 2, 3호기의 재가동과 관련해서, 경제산업성(経済産業省)이 주최한 사가 현민을 대상으로 한 '설명 프로그램'(설명회는 6월 26일)에 규슈전력이 관계회사의 사원들에게 가동 재개를 지지하는 내용의 이메일을 보내도록 조직했던 것입니다.

주민들이 궁금해하는 문제에 답하고 불안을 느끼는 부분에 대해 설명을 해주어야 할 프로그램을, 원전 재가동을 용인하기 위해 규슈전력 관계자의 목소리로 유도하려 했던 용서하기 힘든 행위였습니다. 왜 이런 사건이 일어났을까요. 이 장에서는 그 진상 및 원인을 살펴보기로 하겠습니다.

처음에 규슈전력은 "그와 같은 일은 일절 하지 않았다"고 전면 부인했습니다. 하지만 그로부터 나흘 후인 7월 6일, 일본 공산당 가사이 아키라(笠井亮) 중의원의원이 국회에서 "설명회의 정당성을 의심케 하는 방해행위이며 여론유도 공작 아니냐"

며 추궁하고, 간 나오토(菅直人) 총리가 "대단히 괘씸하다"고 동조 발언을 하자, 그날 밤 규슈전력의 마나베 도시오(真部利応) 사장이 부리나케 기자회견을 열어 사실을 인정하면서 사죄를 하게 되는 사태로 발전했습니다. 이리하여 『신문 아카하타』의 특종은, 원전 재가동과 관련한 설명회의 '정당성'을 엄중히 재검토하는 계기가 되었습니다.

그리고 7월 14일, 또다시 마나베 사장은 기자회견을 열어 사전공모 메일 문제에 관한 규슈전력의 사내조사 결과를 공표했습니다. 이에 따르면, 설명 프로그램이 실시되기 전인 6월 21일에 규슈전력 원전담당 부사장이었던 단가미 마모루(段上守) 씨와 원전담당 본부장(상무), 사가 현 지점장 등 회사간부 세 명이 논의를 한 끝에 "발전 재가동에 찬성하는 의견의 투고를 늘릴 필요가 있다"는 데 인식을 같이하게 됩니다. 그리고 이 자리에서 단가미 부사장과 본부장으로부터, 원전 재가동에 찬성하는 참가자를 늘리기 위해 "설명 프로그램에 대해 주지(周知)시키도록 하라"는 지시를 받은 원자력발전본부의 부장은 다시 과장에게 "[원전] 재가동에 대한 이해가 확대되도록 협력하라"는 주문을 합니다.

그리하여 과장은 사내 일부와 자회사 4개사에 "원전의 재가동을 용인하는 국민 한 사람의 입장에 서서 진지하면서도 주민들의 공감을 얻을 수 있는 의견이나 질문을 개진"하도록 지시하는 메일을 보냈다고 합니다. 또 사가 현 지점장은 지점 간부에게 구체적인 대책을 세우도록 지시하였고, 지시받은 지점 간부들은 직접 26개 거래회사와 5개 고객회사를 방문해서 메일을 보내도록 당부했습니다(그림1 참조).

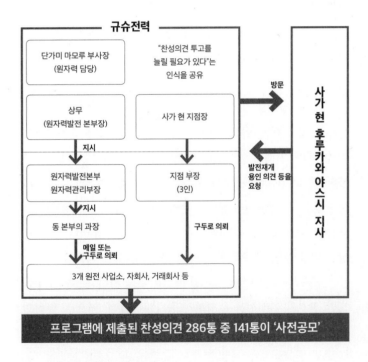

그림1. 규슈전력 '사전공모' 메일의 흐름
(규슈전력의 조사보고, 제3자위원회 중간보고 등 참조)

실로 회사와 관련조직 전체가 단합해서 '공모'(共謀)한 행위라 아니할 수 없습니다. 그 결과, 규슈전력 자회사 사원 230명 이상이 메일을 열람하고 그중 141명이 '재가동 찬성' 의견을 보냈습니다. 그렇게 해서 당시 프로그램에 모인 의견(메일과 팩스)은 '찬성' 286건, '반대' 163건이었습니다. 아마 '사전공모' 지시에 따른 투고가 없었다면 '반대'가 '찬성'을 웃돌았을 것입니다. 규슈전력에 의해 '재가동 찬성' 여론이 '날조'되었던 것입니다.

여기서 중요한 것은, 사가 현 지점이 거래처에 투고를 독려할 때 26개 거래처 중 23개사에 다음과 같이 상세한 예시문까지 첨부했다는 사실입니다.

"일본 전체를 생각하는 입장에서 규슈를 포함한 서일본(西日本) 지역이 더욱 열심히 생산과 경제에 힘을 기울이지 않으면 안 될 이때, 전력부족은 절대로 일어나면 안 된다" "전력이 부족하면 지금처럼 문화생활을 영위할 수도 없을 뿐더러, 무엇보다 여름철 열중증(熱中症)[1] 유행이 우려된다" "(태양열이나 풍력발전 같은 재생 가능 에너지는) 대체 전력원이 되기란 도저히 무리다. 지금 당장은 원자력발전에 의존할 수밖에 없다" 등이 그 내용입니다.

규슈전력의 사전공모 메일 사건은 결국 사전공모를 하지 않으면 원전의 안전성을 설명하기 불가능하다는, 역으로 말하면 원전은 위험하다는 사실을 자인하는 것과 다름없었습니다.

안전보다 재가동

규슈전력 겐카이 원전은, 정부가 도쿄전력 후쿠시마 제1원전 사고 후 전국의 원전들을 다시 가동하기 위한 돌파구로 상정하고 있던 곳이었습니다. 사전공모가 발각된 뒤 규슈전력 간부를 만났던 자민당 관계자에 따르면, 규슈전력 간부가 "공산당과 『신문 아카하타』에 당했다"는 이야기를 했다고 합니다.

간 나오토 내각(당시)은 3월 20일에 전력회사들을 향해 '긴급 안전대책'을 지시하는 한편, 6월 7일에는 '과혹사고(severe accident)[2]대책'을 추가 지시했습니다. 가이에다 만리(海江田万里) 당시 경제산업성 대신은 6월 18일, 이것이 "적절하게 실시되고 있는 것을 확인했다"면서 정기점검 등을 위해 정지상태에 있는 '원자력발전소의 재가동'을 지자체에 요구했습니다. 그리고 다음날 19일에는 간 총리도 "안전성이 제대로 확인된 발전소는 가동시킨다"고 언급했습니다. 그 연장선상에서 6월 말 가이에다 경제산업성 대신이 사가 현을 방문하여 지사와 겐카이 쵸의 지자체장과 함께 가동 재개를 전제로 한 합의장치라는 스케줄을 확정했던 것입니다.

그러나 정부가 지시한 긴급 안전대책을 살펴보면, 그저 '전원(電源)차 배치'라든가 '침수대책' 같은 단기적인 대책만 마련되어 있었을 뿐입니다. 정부가 중기대책(中期対策)으로 요구한 '방조제, 방조벽 정비'나 '비상용 발전기 등의 설치'와 관련해서는, 각 전력회사에 계획을 세우라고만 했을 뿐, 그외에는 아무런 대책도 강구하지 않았습니다.

뿐만 아니라 추가된 '과혹사고 대책'으로 제시한 '수소폭발 방지대책'의 내용 역시 유사시 원자로 건물에 구멍을 뚫기 위한 드릴을 준비해 두라는 정도의, 사실상 임시방편에 불과한 것이었습니다.

정부가 국제원자력기구(IAEA)에 제출한 보고서에서 후쿠시마 제1원전 사고의 교훈(28개 항목)으로 열거한 '지진대책의 강화'나 과혹사고 발생시 주민대피 대책도 전혀 마련해 놓지 않은 마당에 "원전의 안전성이 확보되었다"라니, 도저히 있을 수 없는 이야기입니다. 그럼에도 불구하고 안전보다 재가동이라는 자세로, 겐카이 원전의 재가동을 염두에 두고 경제산업성이 사가(佐賀) 시에서 개최한 것이 규슈전력 사전공모 메일 사건의 무대가 되었던 6월 26일 설명회였습니다.

계기는 사가 현 지사의 발언

규슈전력 사전공모 메일 사건이 후루카와 야스시(古川康) 사가 현 지사의 발언을 계기로 일어났다는 사실은, 규슈전력이 원인규명을 위해 설치한 '제3자위원회'의 최종보고(9월 30일)를 통해 밝혀졌습니다.

프로그램이 실시되기 닷새 전인 6월 21일 오전, 규슈전력의 단가미 부사장(당시)을 비롯한 세 사람은 퇴임인사차 지사의 집무실을 방문한 자리에서 겐카이 원전 2호기, 3호기의 재가동을 둘러싼 정세에 관해 의견교환을 했습니다. 이때 그 자리에 함께 있었던 규슈전력 사가 지점장이 메모해 놓은 지사의 발언이 8월 9일 사가 현의회의 '원자력대책 등을 위한 특별위원회'에서 공개되었는데, 실로 놀라지 않을 수 없는 내용이었습니다. 메모에 따르면, 후루카와 지사는 "발전소 재가동을 향해 한걸음 한걸음 주의 깊게 움직여가는 것이 중요하다"고 말하면서 규슈전력 간부에게 '정부 주최 주민대상 설명회' 때 "발전소 재가동을 받아들이는 입장에서도 인터넷을 통해서 의견을 내거나 질문을 하기를 바란다"고 당부했던 것으로 보입니다.

뿐더러 여기서 그치지 않고 "대체로 재가동의 필요성에 대해서는 잘 알고 있지만, 선거를 통해서 표출되는 불안의 목소리를 의식해서 발언하고 있는" 자민당계 현의원들에게는 "무엇보다도 지지자들 사이에서 나오는 발언이 가장 영향력이 크다고 생각하므로, 여러 가지 루트를 통해서 지지자들에게 의원의 활동을 적극 지지해 달라고 호소하기 바란다"고 정치적인 역할까지 부탁하고 있습니다.

메모는 지사와의 면담을 마친 사가 지점장이 단가미 씨에게 받은 지시까지 포함해서 정리한 것으로, 본사의 과장급 이상 사원들을 통해 사내 약 200명에게 설명 프로그램에 투고할 것을 요청하는 메일에 첨부되어 보내졌습니다. 메모에는 "인터넷을 통해 더 많은 찬성의견을 내주었으면 좋겠다"는 당부도 적혀 있었습니다. 규슈전력 임원들에게 했던 지사의 발언은 한마디로 지사로서의 본분을 망각한 행위였습니다.

당시 후루카와 지사는 설명회가 끝난 후인 6월 29일 현청을 방문해서 운행 재개에 대해 이해를 구하는 가이에다 경제산업성 대신에게 국가의 원전 안전대책에 수긍을 표하며 "안정성은 '클리어'되었다고 생각한다"고 화답함으로써 재가동을 받아들일 의사를 표명했습니다.

사전공모 메일이 발각되지 않았다면 어떻게 되었을까요. 현의회(県議会)의 논의를 거쳐 지사가 7월 상순에 최종판단을 하면 원전가동을 시작한 날로부터 2주일 정도 전력생산을 풀가동해서, 전력수요가 최고점에 이르는 8월 하순까지 차질 없이 전력을 공급한다는 규슈전력의 시나리오대로 상황이 전개되었을 겁니다.

여기서 주목하게 되는 것은 후루카와 지사의 정치단체 '야스토모(康友)회'와 '후루카와 야스시 후원회'가 2006년부터 2009년까지 규슈전력의 역대 사가 현 지점장을 비롯한 간부들로부터 총 420만 엔의 개인헌금을 받아왔다는 사실입니다. 규슈전력은 야스토모회의 자금마련 파티 티켓을 2008년과 2010년에 구입했다는 사실도 밝혀졌습니다.

사가 현은 설명회가 개최되는 날 아침, 사전공모 메일을 지시하는 문서가 존재한다는 일본공산당 무토 아케미(武藤明美) 사가 현의원의 제보에도 불구하고 사실관계를 확인조차 해보지도 않고 예정대로 프로그램을 진행시켰습니다. 규슈전력으로부터 흘러 들어온 돈이 지사의 정책판단에 영향을 끼친 것은 아니었을까요. 원전이 들어서 있는 지역의 지사로서 자격이 심히 의심되지 않을 수 없습니다.

규슈전력뿐만이 아니다

경제산업성 산하기관인 자원에너지청은 규슈전력 사전공모 메일 사건이 물의를 일으키자 전력회사에 "비슷한 움직임이 있는지 여부"를 조사할 것을 요청했고, 이에 각 전력회사는 7월 29일 자체조사 결과를 발표했습니다.

그 결과―간사이(関西)전력, 호쿠리쿠(北陸)전력 등은 포함되지 않은 불충분한 자료였지만―지난 5년 동안 열렸던 정부 주최 심포지엄이나 주민설명회에서 사전공모를 한 회사가 규슈전력만이 아니었다는 사실이 드러났습니다. 또한 원자력의 규제기관이어야 할 경제산업성 원자력안전·보안원이 원자력발전의 추진을 '사전공모'한 질문공작을 할 것을 직접 지시하고 있었다는 놀랄 만한 사실까지 밝혀졌습니다.

중부(中部)전력은 2007년 8월 시즈오카(静岡) 현 오마에자키(御前崎) 시에서 하마오카(浜岡) 원자력발전소 4호기의 플루서멀(Plu-thermal)[3] 발전에 관한 심포지엄을 개최하기 전에, 원자력안전·보안원으로부터 "질문이 반대일색이 되지 않도록 [찬성하는 입장에서의] 질문서를 작성해서, 지역주민들에게 질문하도록 하라"는 지시를 받았습니다.

중부전력은 사전공모 질문의 문안을 작성했지만, "컴플라이

언스(compliance, 법령준수)에 문제가 있다"고 해서 그 지시를 거부했다고 합니다. 그러나 보안원의 지시에는 "빈자리가 눈에 띄지 않도록 심포지엄 참가자를 모을 것"도 포함되어 있어, 중부전력은 사원들과 하청회사, 현지에 동원을 독려하기도 했습니다.

이 심포지엄에서 플루서멀에 반대하는 입장에 선 패널리스트로 참석했던 다테노 아츠시(舘野淳) 전(前) 쥬오(中央)대학 교수는 "중립을 지켜야 할 보안원이 찬성파를 조직하고 있었다는 것은, 존재이유 자체를 의심하게 하는 사태이다. … 원자력 심포지엄은 모두 그런 연출에 의해 사전에 꾸며진 알리바이 조작일 뿐이라고 보아도 무리가 없다. 원자력 규제 본연의 자세가 의심된다"(『신문 아카하타』 2011년 7월 30일)고 이야기합니다.

시고쿠(四国)전력은 2006년 6월에 열린 이카타(伊方) 원전 3호기의 플루서멀 계획에 관한 심포지엄을 앞두고 자사나 관련 업체의 사원, 노인회 등의 지역단체에 질문과 의견을 개진할 것을 요청했으며, 심포지엄에서 발언한 열다섯 명 가운데 열 명이 시고쿠전력으로부터 사전에 부탁을 받은 사람들이었다고 발표했습니다.

조사결과, 참가자에게 "질문이나 의견과 관련해서는 본인에게 예문 메모를 보여주고 내용을 이해시킨 후 부탁했다"거나 "전문용어가 많아 이해하기 어려운 부분도 있지만, 플루서멀은 플루토늄의 특성이나 성질을 정확하게 파악해서 이루어지는 것이므로 안심했다" 등과 같은 발언예문이 있었다는 것이 밝혀졌습니다.

실제로 시고쿠전력의 요청을 받아 발언했던 열 명 중 일곱 명이 회사가 작성한 발언메모의 내용대로 발언을 했고, 그중 네 명은 메모를 거의 그대로 읽는 것이나 다름없는 상태였다고 합니다. 공정해야 할 설명회가 시고쿠전력의 각본을 그대로 따라한 '조작극'이었다는 것이 만천하에 드러났다고 하겠습니다.

주고쿠(中国)전력은 2010년에 개최된 시마네(島根) 원전의 보수·관리 미흡과 관련한 주민설명회에서, 원자력발전이나 플루서멀에 대해 이해하고 있는 지역주민에게 질문이나 요망사항을 발표해 줄 것을 의뢰했으며, 2009년 시마네 원전 2호기의 플루서멀 계획 및 내진 안전성에 관한 주민설명회에서는 사원과 그룹사, 일부 협력회사와 거래처들에 참가할 것을 요청해서, 전체 참가자 361명 중 사원 및 그룹사 등의 인원이 180명이나 되었다고 합니다.

규슈전력은 2005년 10월 겐카이 원전 플루서멀 가동이 계획되어 있는 사가 현 겐카이 쵸에서 개최된 심포지엄에서 사원과 관련회사 사람 등 모두 합쳐 약 2200명이 참가를 독려하는 데 동원되었고, 발언을 조직했습니다. 같은 해 12월 사가 현이 주최한 플루서멀 공개토론회에서는 참가신청이 애초에 예상한 인원수를 넘어섰다는 이유로 추첨을 하기로 했는데, 토론회에 참석한 총인원의 절반 가까이가 관계사 직원들이었다고 합니다.

2010년 5월 센다이(川內) 원전 3호기 증설에 관한 공청회에도 주고쿠전력 쪽 사람이 337명 참석했습니다. 또 거래처의 단체 및 개인 21명에게 의견진술을 자청하도록 요청해서, 그 가운데 15명이 의견을 진술했습니다.

이외에도 도호쿠(東北)전력은 2010년 1월 오나가와 쵸(女川町)에서 개최된 "플루서멀의 필요성, 안전성 및 내진성에 관한 주민설명회"를 앞두고 사원과 관련기업들에 이메일이나 회의, 전화통화, 직접방문을 통해 참석하도록 요청했습니다.

이 모든 것이, 다테노 교수가 지적한 바와 같이 전력회사들에서는 사전공모 질문이나 참가자 동원이 상습적으로 이루어지고 있었음을 증명해 주고 있습니다.

플루서멀(Plu-thermal) 계획의 추진 강행

이처럼 주민설명회에 사전공모가 일상화된 배경에는 과연 무엇이 있을까요. 전력회사들이 경제산업성에 제출·공표한 사전공모 및 참가동원 문제의 조사보고서를 살펴보면, 당시 정부와 전력회사들이 자신들의 의도대로 추진되지 않고 있는 플루서멀 계획에 박차를 가하게 된 계기가 드러납니다.

플루서멀이란 일반 상업용 원전에서 사용 후 핵연료를 재처리해서 추출해 낸 플루토늄이 포함된 연료(MOX, 우라늄·플루토늄 혼합산화물연료)를 연소시키는 것을 말합니다. 플루토늄은 방사능 수치가 우라늄보다 훨씬 더 높기 때문에, 작업자의 피폭량(被曝量)이 증가하는 문제 외에도 사고발생으로 주변에 방출될 경우 주민들의 건강에 중대한 영향을 끼칠 우려가 있습니다.

이 때문에 각 원전의 플루서멀 계획이 밝혀지게 되면, 인근 지역 주민들을 비롯하여 많은 사람들의 반대 목소리가 높아지고 결국 중단되는 사례가 이어졌습니다.

이번에 밝혀진 바에 따르면 원자력안전·보안원이 '플루서멀 심포지엄'에 직접 개입하거나 전력회사들이 참석자를 동원했던 시기는 2010년까지입니다. 이 시기는 16~18기 원자로에서 플루서멀 방식을 실시한다는 계획이 추진되었던, 실로 한치 앞을 내다보기 힘들 만큼 암울한 때였습니다.

게다가 중부전력 하마오카 원전 4호기 관련 플루서멀 심포지엄이 열린 것은 2007년 7월 16일 니이가타(新潟) 현 주에쓰오키(中越沖) 지진으로 도쿄전력이 큰 피해를 입은 직후였습니다.

하마오카 원전은 매그니튜드(M) 8의 거대 지진인 도카이(東海) 지진의 진원지 바로 위쪽에 있습니다. 당시 이미 매그니튜드 6.8인 주에쓰오키 지진에도 원전에 상당한 피해가 발생하는 것을 직접 목격했던 사람들은 하마오카 원전의 내진 안전성에 큰 불안감을 가지고 있었습니다. 이런 시기에 원자력안전·보안원이 사전공모 발언을 조직하면서까지 플루서멀 계획을 강행하려 했다는 것은 용서하기 힘든 행위입니다. 원자력안전·보안원이 스스로 '원자력 규제기관'이라는 이름에 걸맞은 자기역할을 다하지 못했음을 인정한 것과 다름없습니다.

『신문 아카하타』(2011년 9월 10일)는, 플루서멀 계획을 받아들인 지자체에 '핵연료 사이클 교부금'이라는 거액의 보상이 주어지고 교부금에 판단이 흐려진 지자체들도 한통속이 되어 급기야 사전공모까지 해가며 졸속으로 주민합의를 이끌어내고 있다는, 플루서멀 계획의 이면을 폭로한 바 있습니다. 이처럼 경제산업성의 노골적인 정책유도는 용서할 수 없는 일입니다.

또 한번의 특종 : 도 주최 심포지엄에서도

홋카이도전력 도마리(泊) 원전 3호기에 플루서멀을 도입하는 사안을 놓고, 2008년 10월 홋카이도가 주최한 심포지엄에서 홋카이도전력은 사원들에게 참가해서 추진 찬성의견을 표명하라는 사내통지를 발송했습니다.

2011년 8월 26일자 『신문 아카하타』의 특종은, 그 대상을 정부 주최 심포지엄으로 한정시킨 경제산업성 자원에너지청의 사전공모 조사가 지극히 불충분하다는 사실을 증명했습니다. 홋카이도 전력은, 2008년 8월 1일 정부가 주최한 플루서멀 심포지엄에는 "사전공모에 개입한 바 없다"고 경제산업성에 보고하고 있습니다만, 같은 해 10월 12일에 이와나이 쵸(岩内町)에서 홋카이도와 도내 4개 지자체의 주최로 열린 '플루서멀 계획에 관한 공개 심포지엄'에는 사전공모를 지시했기 때문입니다.

『신문 아카하타』가 입수한 내부자료와 관계자들의 취재에 따르면, 10월 3일 홋카이도전력 도마리 사무소의 섭외과(涉外課)가 발송한 메일에는 "플루서멀 계획을 확실히 진행하기 위해서라도 반드시 많은 분들이 참석토록 하여 찬성의견을 표명하도록 해야 할 것으로 보입니다"라고 적혀 있습니다. 발송기록을 보면, 이 메일은 도마리 원자력발전소 내 21개 부서에 발송되었습니다.

도마리 원전의 플루서멀 도입과 관련해서는, 홋카이도전력 쪽에서 2008년 4월 홋카이도와 도내 4개 지자체에 사전협의를 제의하였습니다. 그런 다음 경제산업성, 홋카이도, 홋카이도전력이 각각 주최하는 설명회가 도내의 지자체들을 중심으로 열렸습니다.

문제의 심포지엄은 그중 가장 마지막에 열린 주민대상 설명회입니다. 주최 쪽의 안내문 등을 살펴보면, 심포지엄에서 나온 의견들은 홋카이도가 중심이 되어 조직한 유식자(有識者)검토회의에 반영될 것이라고 되어 있습니다.

당연히 설명회장에서는 반대의견이 쏟아져 나왔을 뿐 아니라, 상당히 많은 사람들이 발언을 희망했지만 모조리 묵살되고 설명회는 끝났습니다. 그러나 다음날 홋카이도가 집계한 앙케이트에서 "의문점이 충분히 해소되었는가"라는 질문에 "그렇다고

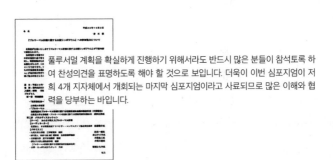

그림2. 홋카이도 도마리 사무소가 관계부서에 보낸
"'플루서멀 계획에 관한 공개 심포지엄' 참가협조에 관하여"라는 제목의 문서로,
심포지엄 참가와 찬성의견 표명 등을 촉구하고 있다.

느낀다" "대체로 그렇다고 느낀다"고 답한 사람이 51%나 되었으며, 닷새 후인 10월 17일 홋카이도는 "많은 도민들로부터 의견을 듣는다는 목표가 일정 정도 달성되었다"면서 시민단체의 심포지엄 재개최 요구를 들어주지 않았습니다.

플루서멀의 안전성을 주민의 관점에서 검증해야 할 자리인 심포지엄이, 홋카이도전력과 홋카이도의 합작으로 형식적인 세레모니(ceremony)의 장으로 전락해 버렸던 것입니다.

홋카이도전력은 12년 전인 1999년에도 도마리 원전 3호기의 증설을 주제로 한 홋카이도 주최의 의견청취회에 참석할 것을 사원들에게 독려했으며, 홋카이도가 주민들을 대상으로 의견 공모를 했을 때도 찬성의견을 보내도록 지시했다는 것이 밝혀졌습니다. 물론 이때도 주민들로부터 강하게 비판을 받았습니다만, 그 뒤로도 줄곧 사전공모를 일삼는 체질은 바뀌지 않았습니다.

결국 지난 8월 31일(2011년)에 비로소 홋카이도전력은, 2008년 8월의 정부 주최 플루서멀 심포지엄에 "사원들에게 참석할 것을 요청하는 내용의 문서가 발견되었다"면서 태도를 바꾸어 '사전공모' 사실을 인정하며 상무가 나서서 사죄를 하기까지 했습니다. 하지만 불과 한 달 전인 7월 29일 대정부 보고를 할 때만 해도 사전공모에 대한 부분은 전혀 언급하지 않았습니다. 한 달도 넘게 홋카이도 도민들과 국민들을 기만해 왔던 것입니다.

이렇듯 도마리 원전은 '조작된 여론'이라는 허구 위에 세워진 것이었습니다.

따라서 플루서멀 계획을 수용한다는 입장을 표명한 다카하시 하루미(高橋はるみ) 홋카이도 지사는 한시바삐 이를 철회하고 3호기의 영업운행 또한 중지시켜야 할 것입니다.

원자력안전·보안원이 사전공모를 지시

『신문 아카하타』의 규슈전력 사전공모 메일 사건 특종을 계기로, 정부 주최로 열린 원전 관련 심포지엄에 정부(원자력안전·보안원)가 관여하고 있었다는 의혹이 만천하에 드러나게 되자, 오이즈미 다카시(大泉隆史) 전(前) 오사카 고검장이 위원장을 맡는 경제산업성 제3자조사위원회가 설치되었습니다.

　이 조사위원회는 2011년 8월 30일에 그동안의 조사를 종합해 중간보고를 발표했는데, 지금까지 드러난 중부전력 사례 외에도 규슈전력, 시코쿠전력의 심포지엄에서도 원자력안전·보안원이 '사전공모'에 관여했다고 인정했으며, 심지어 도호쿠전력, 규슈전력이 주최한 총 다섯 차례의 설명회 등에도 인원동원을 비롯해 발언지시 등을 한 혐의가 포착되었다고 했습니다.

　중간보고에 따르면, 규슈전력 심포지엄 담당자는 2005년 10월 겐카이 원전 플루서멀 심포지엄의 사전협의를 위해 원자력안전·보안원을 방문했으며, 원자력안전·보안원 원자력안전홍보과 A과장은 심포지엄을 성공리에 마치기 위해 "규슈전력 관계자도 대거 참석해 의견을 발표해 주기 바란다"며 인원동원은 물론이고 적극적으로 찬성의견을 개진해 줄 것을 요청했습니다.

　실제로 규슈전력의 담당자가 이 사전협의 후에 작성해 놓은 메모에는 "규슈전력 관계자의 동원, 긍정적 여론을 유도하는 질문 등 [사방팔방으로] 뛰어주기를 원하고 있다"고 기재되어 있습니다.

2006년 6월에 에히메(愛媛) 현 이카타 쵸(伊方町)에서 개최된 이카타 원전 플루서멀 심포지엄에 즈음하여 원자력안전·보안원을 방문했던 시코구전력의 심포지엄 담당자 역시 A과장으로부터 규슈전력 담당자와 동일한 조언을 듣게 됩니다. A과장은 특정 내용의 의견을 표명하라는 언질까지는 주지 않았지만 "작성한 내용을 소리내어 읽어도 좋고, 발언요지를 미리 준비해 두는 것도 좋다"는 등, 시코쿠전력이 발언요지를 작성해서 관계자에게 발언을 시킬 것을 종용하는 발언을 했다고 합니다.

시코쿠전력 쪽의 메모에는 원자력안전·보안원측의 "심포지엄의 성패는 '동원할 인력을 확보하는 것' '행사장에서 찬성파가 우리의 의도대로 발언하는 것' 그리고 '반대파의 고함 등을 어떻게 제지할 것인가'에 달려 있다"는 발언이 있었다고 기재되어 있는데, A과장이 상당히 깊숙한 부분까지 파고든 발언을 했다는 것을 알 수 있었습니다.

시코쿠전력은 원자력안전·보안원의 조언대로 질문·의견의 참고사례를 열거한 메모를 작성해서 자사의 관계자 29명에게 발언할 것을 부탁했고, 그 결과 심포지엄에서 발언한 15명 가운데

10명이 시코쿠전력 관계자들이었습니다.

중부전력은 2007년 8월 하마오카 원전의 플루서멀 심포지엄을 개최하기 전에 이미 원자력안전·보안원으로부터 '사전공모' 지시를 받았다는 사실을 밝히고 있는데, 중간보고에 따르면 다음과 같습니다. 원자력안전·보안원 원자력안전홍보과 직원이 중부전력의 담당자에게 첫째 심포지엄 행사장에 빈자리가 눈에 띄지 않도록 참석자를 모을 것, 둘째 반대파만 질문을 하는 분위기를 피하기 위해 중부전력에서 질문내용을 사전에 작성·배포해서 참석자들이 질문을 하도록 당부할 것 등을 요청했습니다.

하지만 중부전력 쪽이 이를 '법령준수'(compliance)의 관점에서 거부하자 원자력 안전·보안원 직원은 불만을 표시했다고 합니다. 그 밖에 제3자위원회 중간보고에서 정부가 관여한 혐의가 있다고 밝혀진 전력회사의 행사는 다음 다섯 건입니다.

① 2006년 10월 28일 오전 이시노마키(石卷) 시에서 개최된
   오나가와 원전 내진안전성에 관한 주민설명회 (도호쿠전력)
② 같은 날 오전 오나가와 쵸에서 개최된 주민설명회 (도호쿠전력)
③ 같은 달 29일 오후 이시노마키 시에서 개최된 주민설명회 (도호쿠전력)
④ 2010년 5월 18일 개최된 센다이(川內) 원전 제1차 공청회 (규슈전력)
⑤ 2011년 6월 26일 실시된 겐카이 원전관련

중간보고에 즈음하여 기자회견을 연 후카노 히로유키(深野弘行) 원자력안전·보안원장은 "지역 분들의 의견이 올바르게 개진되지 못했을 가능성이 있다"면서 사죄했습니다.

제3자조사위원회 최종보고(2011년 9월 30일)는 앞에서 언급한 ①~③과 관련해서 원자력안전·보안원이 관여한 사실을 새롭게 인정했으며, 또 2008년 8월 홋카이도전력 도마리 원전의 플루서멀 심포지엄과 관련해서는 자원에너지청 원자력발전입지대책·홍보실의 실장이 개입한 사실도 인정했습니다. 그 결과, 정부가 사전공모에 개입한 사례는 총 7건으로 늘어났으며, 정부와 전력회사가 한통속이 되어 사전공모를 일상적으로 하고 있었다는 사실이 밝혀지게 되었습니다.

홋카이도전력처럼 사전공모를 은폐한 예도 있으므로, 원전과 관련해서 정부가 주최한 것뿐만 아니라 모든 설명회 및 심포지엄에서 사전공모를 통한 여론유도가 없었는지, 철저한 조사와 검증이 요구된다 하겠습니다.

첫 원전 공청회부터 부정행위는 있었다

원전을 둘러싼 일련의 사전공모 행위를 통해 표면에 떠오른 것은, 원전추진파의 부정행위는 체질화되어 있었다는 점입니다. 원전의 '안전신화'를 남발하고 근본적인 결함을 호도하기 위해 여론을 조작하는 행위는 어제오늘의 일이 아닙니다. 전국에서 최초로 열린 정부 주최 원전 공청회에서도 당시 정권 및 여당과 한통속이 되어 움직였습니다. 『신문 아카하타』(2011년 7월 16일자)는 일면 톱기사로 다음과 같은 사실을 보도했습니다.

후쿠시마 현 후타바 군(双葉郡) 도미오카 마치(富岡町)에 소재한 도쿄전력 후쿠시마 제2원전 건설을 둘러싸고, 1973년 9월 18일 일본 최초로 원전 공청회가 열렸습니다.

후쿠시마 제2원전 건설계획과 관련해서는, 안전성을 염려한 나라하 마치(楢葉町)의 주민들이 공청회 개최를 요구하는 서명운동을 벌여, 당시 나카소네 야스히로(中曽根康弘)[4]가 대신으로 있던 통상산업성(通商産業省)[5]에 진정을 냈고, 한 달 후 원자력위원회가 공청회 개최를 통지하게 됩니다.

그러나 당시 공청회 개최를 요구하는 서명운동을 벌였던 사람들 중 하나인 '원전의 안전성 확보를 요구하는 후쿠시마 현 연락회' 대표 하야카와 도쿠오(早川篤雄)는 공청회가 "안전성을 걱정하는 주민들의 정서를 역이용해서 공청회장을 원전을 추진하는 분위기로 바꾸어놓았다"고 술회합니다.

공청회에서 의견발표를 할 희망자는 관제엽서로 응모하는 방식이었지만, 실제로 채택된 의견발표자는 원자력위원회가 선정한 사람들이었습니다. 희망자 모집에 응모한 1404명 중 42명이 선정되었습니다. 그러나 공평한 공청회장이어야 할 터인데, 찬성의견 발표자가 27명이고 반대의견 발표자 13명으로 원전추진파가 압도적인 다수를 차지했습니다. 찬성의견을 개진했던 사람은 해당 지자체의 장을 비롯하여 의회의원, 현 의회의원, 농업·어업 단체의 간부, 상공인회 회장 등 하나같이 지역의 유력 인사들이었습니다. 게다가 이 공청회와 관련해서 도저히 이해할 수 없는 점은, 공청회의 방청을 희망한 사람이 1만 6158명으로 도미오카 마치 인구(약 7천 명)의 2배가 넘었다는 사실입니다.

하야카와 씨는 "외지사람들이 대거 응모하게 해서 현지주민들을 배제시켰다. 그리하여 공청회에는 일면식도 없는 사람들이 상당히 많았다"고 증언합니다.

이 공청회를 의식해서 안전신화를 남발했던 것이 바로 자민당 기관지 『자유신보』입니다. 특히 앞뒤 2페이지로 된 "원전 특집호"(그림 3 참조)의 경우, 공청회 일주일 전에 원전건설 지역의 신문으로부터 추궁을 당하기까지 했습니다. "특집호"는 인근의

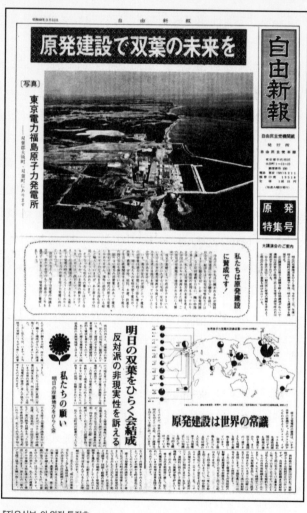

그림3. 『자유신보』의 원전 특집호
(1973년 9월 11일자)

1. 규슈전력 사전공모 사건은 왜 일어났나?

오쿠마 마치(大熊町)에 건설된 후쿠시마 제1원전의 항공사진을 "원전건설로 후타바의 미래를"이라는 제목을 붙여 크게 싣고는 "관동 대지진의 3배 규모의 지진이 발생해도 원자로가 파괴되지 않도록 설계되어 있다"며 안전성을 강조했습니다.

여기서 한걸음 더 나아가 추진파는 '후타바 지방의 내일을 여는 회'라는 단체를 결성해서, 공청회 직전에 '결성기념 강연회'를 개최한다며 『자유신보』와 전단지 등을 통해 대대적인 선전공세를 펼쳤습니다.

현재 후쿠시마 제1원전 사고로 이와키(いわき) 시에서 피난생활을 하고 있는 하야카와 씨는 분노하며 "주민들을 속이고, 주민들의 목소리를 묵살한 채 안전신화를 퍼뜨린 원전 추진세력의 책임을 엄중히 추궁할 필요가 있다"고 말합니다.

'안전신화'를 낳는 유착관계

이번에 도쿄전력 후쿠시마 제1원전에서 일어난 미증유의 사고는 "일본의 원자력발전은 안전하다"며 국민들에게 원자력발전을 강요해 오던 지금까지의 원자력 행정에 대해 중대한 의문을 제기하고 있습니다. 자세한 내용은 다음 장에서도 언급하겠지만, 이러한 '안전신화'를 세상에 태어나게 한 것은 다름아니라 원전추진의 정·관·업계 유착구조이며, 전력회사와 원전메이커, 종합건설사, 자재메이커, 은행 등으로 구성된 원전 이익공동체라는 존재입니다.

원자력을 규제해야 할 경제산업성의 원자력안전·보안원이 원자력발전에 관한 주민설명회 등에서 오히려 사전공모를 주도해서 여론을 조작해 온 것이 밝혀지기도 했습니다만, 더욱 심각한 것은 원자력안전·보안원을 비롯한 경제산업성의 간부들 대다수가 퇴임 후 낙하산 인사로 전력회사로 가고 있다는 사실입니다.

일본공산당 시오카와 데츠야(塩川鉄也) 중의원 의원이 조사한 바에 따르면, 낙하산 인사로 전력회사로 자리를 옮긴 경제산업성(옛 통상산업성 포함) 간부는 도호쿠전력·규슈전력이 각 6명, 홋카이도전력·도쿄전력·호쿠리쿠전력·간사이전력 각 5명, 오키나와전력 4명, 중부전력·주고쿠전력·시고쿠전력 각 3명 등 모두 합쳐 45명이나 되었습니다.

심지어 도쿄전력 부사장 자리는 경제산업성 출신의 '지정석'이 되어 있는 등, 경제산업성 관료들은 끊임없이 퇴임 후 각 전력회사에 중역이나 고문 등으로 재취업을 하고 있었습니다. 특히 1962년 5월 도쿄전력 이사로 취임했던 전(前) 통상산업성 사무차관 이시하라 다케오(石原武夫) 씨는 관료시절에 "원자력국(原子力局)을 설치하자"는 주장을 하는 등, '원자력행정의 집대성자'로 불리던 인물입니다.

시오카와 의원이 국회에서 "감독관청의 사람들이 관료시절 담당하던 전력업체에 낙하산 인사로 취임하는 것은 원전추진을 둘러싼 유착관계를 그대로 보여주는 것"이라고 추궁하자, 정부는 '낙하산 인사 자숙'을 지시했습니다. 이에 이시다 도오루(石田徹) 전(前) 자원에너지청 장관이 4월 말에 도쿄전력 고문직에서 사임했는데, 이 이시다 씨 역시 자원에너지청 시절에 원자력홍보 추진기획관을 역임하는 등 '안전신화'를 확산시켰던 경력의 소유자입니다.

이시다 씨는 장관으로 재임하던 2010년 6월에는 "2030년까지 적어도 14기 이상의 원자력발전소를 증설한다" "설비이용률 약 90%를 달성한다" 등을 그 내용으로 하는 '에너지 기본계획'을 수립하여 발표하기도 했습니다.

이 '원전 신·증설'과 '원전설비 이용률 향상'은 전력회사의 업계단체인 전기사업연합회(전사련)가 에너지 기본계획 재검토와 관련해서 "정부의 적극인 대처 또한 반드시 필요하다"며 요구해온 사항들입니다. 이렇듯 늘 전력업계의 요구에만 귀를 기울이고 있던 관료들이 퇴임 후에 원전 추진정책이라는 '선물'을 가지고 전력회사로 흘러 들어가는 구도가 궁극적으로 일본의 에너지정책을 망쳐왔다고 할 수 있겠습니다. 덧붙여, 시오카와 의원의 질의에 받고 조사를 진행한 경제산업성은 2011년 5월 2일, 자원에너지청 및 원자력안전·보안원을 포함한 경제산업성 관료 출신의 전력회사에 낙하산 인사와 관련해서는 지난 50년 동안 688명이 각 전력회사에 중역 또는 고문으로 취임했다고 발표했습니다. 경제산업성 간부 출신이 대거 포진해 있기는 원전관련 재단법인도 마찬가지입니다.

홈페이지에 "원자력의 안전 확보를 위해 활동하는 전문가 집단"이라고 강조하고 있는 독립행정법인 '원자력안전기반기구'(原子力安全基盤機構)의 경우, 이사장은 자원에너지청 발전과장, 과학기술청 원자력안전과장 등을 역임한 옛 통산성 관료이며, 세 사람의 이사진 가운데 두 사람은 원자력안전·보안원 기획조정과장, 원자력안전기반 담당 심의관을 지낸 인물들이었습니다.

1995년에 발생한 나트륨 화재사고[6] 이후 가동이 정지된 고속증식로 '몬주'를 운영하고 있는 독립행정법인 '일본원자력연구개발기구'(JAEA)도 이사 일곱 명 가운데 세 명이 관료 출신입니다.

원전 소재 지역의 진흥책과 원전 견학 등을 담당하는 재단법인 '전원지역(電源地域)진흥센터'를 보면, 회장은 시미즈 마사타카(清水正孝) 도쿄전력 사장(당시), 이사장은 전(前) 중소기업청 장관, 이사로는 중부경제산업국(中部経済産業局) 전력·가스사업 호쿠리쿠(北陸) 지국장 등이 이름을 걸어놓고 있었습니다.

원자력발전소 등의 입지와 관련해서 "지역주민의 이해를 촉진하고 국민적 합의형성을 이끌어내기 위한" 홍보활동을 맡고 있는 재단법인 '일본입지센터'의 이사장은 통상산업성에서 통상산업심의관을 역임한 인물이며, 전무이사는 규슈 통상산업국장 출신입니다.

그외에도 낙하산 인사는 용도 폐기된 핵연료 최종처리장의 건설·관리 등 처분사업(処分事業)을 전담하는 '원자력발전환경정비기구' '일본원자력문화진흥재단' '원자력안전기술센터' '원자력연구 백엔드(back-end) 추진센터' 등 일일이 그 예를 열거하기조차 힘들 정도입니다.

헌금: 회사는 자민당, 노조는 민주당에

세계 유일의 피폭국이자 지진의 나라이기도 한 일본에 54기나되는 원전을 추진해 온 것은 바로 역대 자민당 정부들입니다. 전력업계와 정치의 유착관계에 대해서도 많은 의혹이 제기되고 있습니다. 일찍이 전력업계는 금융·철강업계와 더불어 "정치헌금 3대 명가"로 불리며 자민당 쪽에 1966년부터 1974년까지 10여 년 동안 무려 11억 4천만 엔이나 되는 정치헌금을 뿌리며 원자력발전 추진 등 막대한 영향력을 행사해 왔습니다.

전세계가 오일쇼크로 휘청이던 1974년 이후 비판여론이 고조되는 바람에 기업 차원의 헌금은 사라졌지만, 임원들의 개인헌금은 계속 자민당으로 흘러 들어갔습니다. 물론 '개인헌금'이라고는 하지만, 이것도 알고 보면 회장, 사장, 부사장, 상무 등 그 직위에 따라 헌금액수가 정해져 있는 사실상의 기업헌금이었습니다.

간사이소비자단체연락간담회(関西消費者団体連絡懇談会)가 2006년부터 2008년까지 3년간의 정치자금수지보고서(政治資金収支報告書)를 조사해 본 결과, 원전을 보유하고 있지 않은 오키나와전력을 제외한 나머지 9개 전력회사의 임원, 모두 합해서 868명이 자민당의 정치자금 단체인 '국민정치협회'에 총 1억 1731만 6천 엔에 달하는 헌금을 한 것으로 밝혀졌습니다.

<전력회사 임원의 국민정치협회 헌금>(2009년)

홋카이도전력	28명	219만 엔
도호쿠전력	14명	170만 엔
도쿄전력	47명	569만 엔
중부전력	25명	406만 엔
호쿠리쿠전력	14명	251만 엔
간사이전력	11명	172만 엔
주고쿠전력	16명	450.5만 엔
시코쿠전력	35명	397만 엔
규슈전력	16명	157만 엔
계	**206명**	**2791.5만 엔**

* 정치자금수지보고서 등을 참조하여 작성

2009년의 경우를 살펴보면, 도쿄전력에서만 47명이 569만 엔이나 헌금하는 등, 오키나와전력을 제외한 나머지 9개 전력회사 임원(OB포함) 206명이 총 2791만 5천 엔의 헌금을 국민정치협회에 내어놓았습니다(표 참조). 이것은 국민정치협회의 수지보고서에 이름이 기재되는 5만 엔 이상의 개인헌금자 가운데 인원수로는 56.6%, 금액으로는 64.5%를 차지하는 실로 놀라운 수치입니다.

한편 원전을 추진하는 전력회사의 노동조합들로 구성된 전력총련(전국전력관련산업노동조합총연합, 全国電力関連産業労働組合総連合)의 정치단체인 '전력총련 정치활동위원회'와 유관 정치단체들은 민주당 쪽에 헌금을 하고 있습니다. 구체적인 예로서, 2007년부터 2009년까지 3년 동안 민주당 본부나 구 민사당(民社党) 국회의원과 지방의원으로 구성된 정치단체 '민사협회'(民社協会) 외에, 밝혀진 것만 해도 민주당 국회의원 13명에게 헌금과 후원파티 티켓 구매, 연수회비 등의 명목으로 총 9135만 엔의 정치자금이 제공되었습니다(그림4 참조).

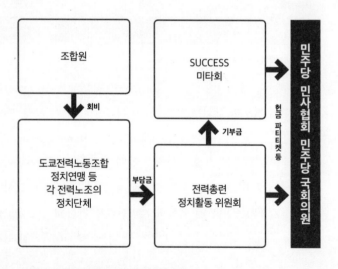

그림4. 전력총련 정치활동위원회의 민주당 자금제공 흐름

1. 규슈전력 사전공모 사건은 왜 일어났나?

전력총련은 도쿄전력노동조합 부위원장 출신인 고바야시 마사오(小林正夫) 전(前) 후생노동정무관(厚生勞働政務官)과 간사이전력노련 회장 출신인 후지와라 마사시(藤原正司) 전(前) 참의원 경제산업위원장 두 사람을 조직 내 후보로 민주당 참의원 비례대표에 연속 당선시키는 등, 노조가 가진 '자금과 표'의 힘을 등에 업고 민주당에 영향력을 행사해 왔습니다. 이를 통해 "과도적(過渡的)인 에너지로 신중하게 추진한다"(2005년 총선거정책)는 입장에서 있던 민주당 원자력정책의 방향을 원전의 신·증설과 수출을 적극적으로 추진하는 쪽으로 선회시키는 데 큰 역할을 수행했던 것으로 보입니다.

이와 관련해서 민사협회 간부인 나오시마 마사유키(直嶋正行) 전(前) 경제산업대신이 책임자로 있는 민주당의 '성장전략·경제대책 프로젝트 팀'은 2011년 7월 28일, 에너지정책에 관한 제언을 정부에 제출, "안전성이 확인된 원전"에 대해서는 '착실하게 재가동'을 하게 해줄 것을 요구한 바 있습니다.

어떻게 '사전공모' 특종을 잡을 수 있었나

도쿄전력 후쿠시마 제1원전이 대지진과 지진해일로 파괴된 2011년 3월 2일, 가츠마타 쓰네히사(勝俣恒久) 도쿄전력 회장은 매스컴 관계자들과 함께 베이징을 방문중이었습니다. 『아사히신문』의 경제부 기자로 전력과 석유 등의 업계와 재계, 통상산업성 등을 담당했던 시무라 가이치로(志村嘉一郎) 씨가 쓴 『도쿄전력 제국, 그 실패와 본질』(문예춘추, 2011)에 따르면, 당시의 중국 단체방문은 일종의 연례행사 같은 것이었다고 합니다. '애화방중단'(愛華訪中團)이라고 이름 붙인 이 방문단의 2009년 10월 '제9회 애화방중단' 명단을 살펴보면, 단장인 가츠마타 씨 외에도 도쿄전력, 간사이전력, 중부전력의 각 원자력 입지지역 관계자, 거대 언론사의 전임주필, 컨설턴트 등이 멤버로 기재되어 있었습니다. 특히 거대 미디어는 현재 완전히 전력업계의 손아귀에 들어가 있는 상황입니다.

그렇다면 이러한 거대 미디어도 아닌 『신문 아카하타』가 어떻게 연거푸 특종을 잡을 수 있었을까요. 우리는 그 이유를, 언제나 권력에 맞서 싸우고 부정을 추궁해 온 일본공산당과 『신문 아카하타』가 그간 쌓아올린 신뢰가 있었기 때문이라고 보며, 그래서 관계자들의 내부고발이 이어졌다고 생각합니다.

사실 『신문 아카하타』말고도 몇몇 신문들이 사전에 정보를 입수하고 규슈전력에도 사실관계를 확인하고 있었던 모양입니다만, 막상 『신문 아카하타』가 규슈전력의 '사전공모' 메일을 특종 보도했을 때 그것이 겐카이 원전 재가동에 관한 설명회의 '정당성'에 의구심을 던지게 하는 크나큰 문제였음에도 불구하고, 거대 언론들은 별다른 언급을 하지 않았습니다. 오히려 규슈전력 사장이 국회에서 사죄를 하자 비로소 관련기사를 내기 시작한 정도입니다.

후쿠시마 제1원전 사고가 발생한 지 4개월이 지난 7월 11일, 도쿄의 메이지(明治) 공원에 2만 명이 참가한 '원전 제로를 위한 긴급행동'이나 같은 달 23일 시즈오카 시에서 5천 명이 참여한 '하마오카 원전의 영구정지와 원자로 폐지를 요구하는 집회'에 대해 『아사히신문』이나 『마이니치신문』은 단 한 줄도 보도하지 않았습니다. 다음 장에서 자세하게 살펴보게 되겠지만, 미국의 원자력 전략 아래 재계·대기업, 정·관계, 거대 미디어 등이 하나로 뭉친 '원전 이익공동체'의 존재는 현재 심각한 문제로 대두되고 있습니다.

2

원자력발전의
기원과
미일관계

원자력발전과 핵무기는 모두 원자핵 분열·융합으로 발생하는 거대한 에너지를 이용한다는 공통점이 있습니다. 일본은 세계 유일의 피폭국인데 그런 일본에 어떻게 원전이 도입될 수 있었을까요. 또 일본이 미국과 프랑스에 이어 세계 3위의 원전대국으로 떠오르기까지 어떤 과정을 거쳤을까요. 국민들 사이에서는 "일본의 18개 지역에 54기나 되는 원전이 있다는 사실을 처음 알았다" "도대체 언제 원전이 이렇게까지 확산되었느냐"는 목소리도 들립니다.

사실 일본 원자력발전의 행보는 미국의 세계전략과 밀접하게 관련되어 있습니다. 이 장에서는 이러한 '원자력발전의 기원'을 미일관계 속에서 살펴보도록 하겠습니다.

'럭키 드라곤'(Lucky Dragon)의 충격

1954년 3월 1일 아침, 태평양 중부의 비키니 환초에서 미군의 실험용 수소폭탄 '브라보'(Bravo)가 버섯구름을 이루며 하늘을 새빨갛게 물들였습니다. 폭발 중심부에서 160킬로 부근을 항해중이던 참치잡이 어선 '제5후쿠류마루'에, 수소폭탄이 흩뿌려놓은 '죽음의 재'가 덮쳤습니다. 배에 탄 선원 23명 모두 피폭되었고, 그로부터 6개월 후인 9월 13일 이 배의 통신 책임자였던 구보야마 아이키치(久保山愛吉) 씨가 사망했습니다.[7]

미소(美蘇)간의 핵군비 확장 경쟁이 막을 올린 이 시대에 제5후쿠류마루, 즉 럭키 드라곤 사건은 미국에 심각한 타격을 입

그림5. 비키니 환초에서 미군의 수소폭탄 실험으로 폭발한 '브라보'의 버섯구름
(1945년 3월 1일 미군촬영, 제5후쿠류마루 평화협회 제공)

했습니다. 이 사건이 일어나기 바로 한 해 전인 1953년 12월 8일에 아이젠하워 대통령은 UN총회 연설에서 '평화를 위한 원자력'(Atoms for Peace) 정책을 호소했던 것입니다.

이 연설에 입각해서 미국은 동맹국과 우호국에 농축우라늄 100킬로그램을 제공하고 국제원자력기구(IAEA)를 창설할 것을 제창했습니다. 목적은 당시 원자력발전 분야에서 앞서 있던 구소련[8]의 원자력기술이 서방국가들에 침투하는 것을 막고, 미국 주도의 핵 관리체제를 구성하는 것이었습니다. 이런 와중에 제5후쿠류마루의 선원들과 비키니 환초에 살고 있던 주민들이 피폭을 당하는 사건이 일어났던 터라, 미국은 국제적으로 비난을 면치 못하는 상황에 놓이게 되었던 것입니다.

이를 놓고 당시 미 국무장관 덜레스(John Foster Dulles)는 "지금 우리는 히드라(Hydra, 그리스 신화에 등장하는 괴물)에 비유되고 있다"며 탄식했습니다. 일본 국내에서도 이 사건을 계기로 반핵 평화운동이 일어났고, 사건 이듬해인 1995년에는 '제1회 원자·수소 폭탄 금지 세계대회'가 개최되었습니다.

미국은 어떻게 이 '위기'에서 벗어날 것인가. 안보정책의 최고 결정기관인 미국 국가안전보장회의(NSC)에 설치되어 있던 '운용조정위원회'(OCB), 바로 『요미우리신문』이 1954년 3월 16일자 보도에서 제5후쿠류마루의 피폭을 폭로한 지 불과 6일 후에 개최된 이 회의에서 "일본에 원자로를 건설한다"는 제안이 채택되었습니다. 제안한 사람은 어스킨(Graves B. Erskine) 당시 국방차관보였습니다.

아이젠하워도서관에 있는 비밀 해제된 문서(그림6 참조)를 보면, 제안이유가 기술되어 있습니다. "원자력의 비군사적 이용 측면에서의 공세는 러시아의 프로파간다에 대한 대항조치로서 매우 시의적절하면서도 효과적이다. 또한 이미 일본에서 일어나고 있는 손해도 최소화시킬 수 있다."(「일본과 핵실험」, 1954년 3월 22일)

원전의 일본판로 개척은 매우 특별한 의미가 있었습니다.

> 히로시마와 나가사키의 기억이 아직 선명한 시기에, 일본 같은 나라에 원자로를 건설하는 것은 드라마틱한 일이 아닐 수 없다. 이 나라 거리들에서 벌어진 대학살의 기억으로부터 멀어지고자 하는 기독교인으로서의 자세이기도 하다. … [일본에 원전을 건설하는 것은] 우리의 기술과 선의(善意)의 지속적인 상징이 될 것이다.

원자력위원회 토머스 머레이(Thomas Murray) 위원의 이와 같은 발언에서 드러나듯이, 당시 미국에 지워진 원폭투하의 책임을 희석시키는 한편, 일본국민들에게 원전을 받아들이도록 함으로써 '원자력의 평화적 이용'을 상징적으로 보여준다는 미국의 목

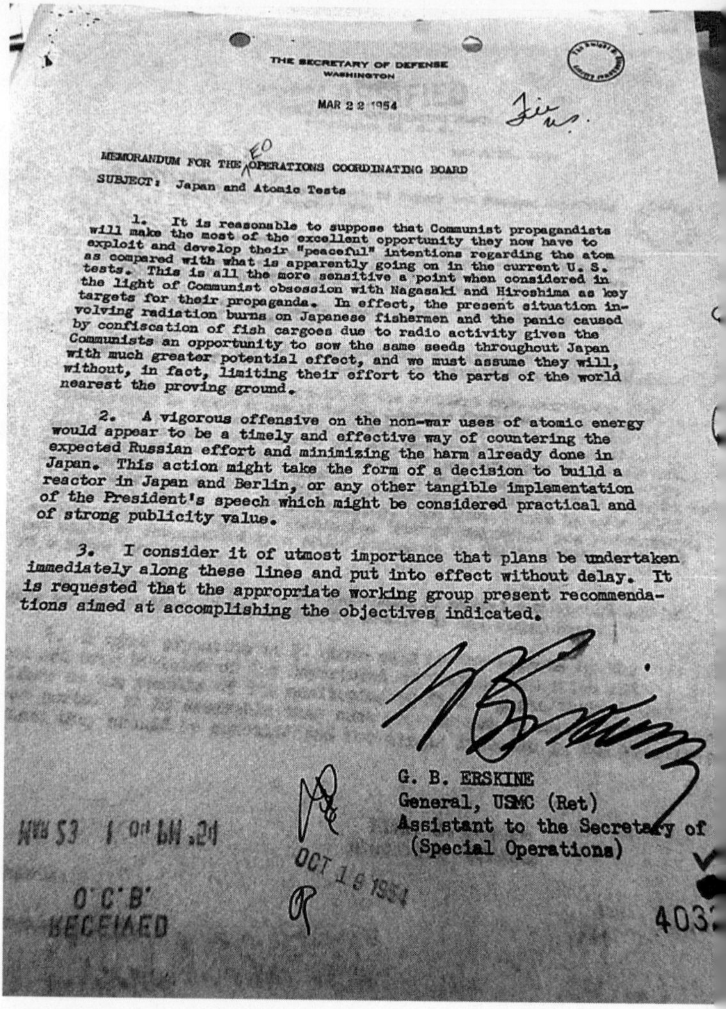

THE SECRETARY OF DEFENSE
WASHINGTON

MAR 22 1954

MEMORANDUM FOR THE OPERATIONS COORDINATING BOARD

SUBJECT: Japan and Atomic Tests

1. It is reasonable to suppose that Communist propagandists will make the most of the excellent opportunity they now have to exploit and develop their "peaceful" intentions regarding the atom as compared with what is apparently going on in the current U. S. tests. This is all the more sensitive a point when considered in the light of Communist obsession with Nagasaki and Hiroshima as key targets for their propaganda. In effect, the present situation involving radiation burns on Japanese fishermen and the panic caused by confiscation of fish cargoes due to radio activity gives the Communists an opportunity to sow the same seeds throughout Japan with much greater potential effect, and we must assume they will, without, in fact, limiting their effort to the parts of the world nearest the proving ground.

2. A vigorous offensive on the non-war uses of atomic energy would appear to be a timely and effective way of countering the expected Russian effort and minimizing the harm already done in Japan. This action might take the form of a decision to build a reactor in Japan and Berlin, or any other tangible implementation of the President's speech which might be considered practical and of strong publicity value.

3. I consider it of utmost importance that plans be undertaken immediately along these lines and put into effect without delay. It is requested that the appropriate working group present recommendations aimed at accomplishing the objectives indicated.

G. B. ERSKINE
General, USMC (Ret)
Assistant to the Secretary of
(Special Operations)

그림6. 일본에 원자력발전소 도입을 제안한 1954년 3월 22일자
미 국무부 메모(아이젠하워도서관 소장)

2. 원자력발전의 기원과 미일관계

적에 부합하는 것이었기 때문입니다(『뉴욕타임스』 *The New York Times* 1954년 9월 22일자). 특히 이 계획에 적극적이었던 사람이 바로 산업원전 추진파의 한 사람인 시드니 예이츠(Sidney R. Yates) 당시 미국 하원의원이었습니다. 그는 히로시마에 6만 킬로와트급 원자력발전소를 건설하기 위한 법안을 제출했습니다(『워싱턴포스트』 *The Washington Post* 1955년 2월 15일자).

히로시마 원폭투하는 실험이라는 의미가 강했던 것으로 알려져 있습니다. 그런데 미국은 그것으로도 모자랐던지 이번에는 기술적으로 아직 미완성 단계에 있는 원전을 건설해 히로시마를 새로운 핵실험의 장으로 만들려 했던 것입니다.

정치인 나카소네와 『요미우리』 사주 쇼리키 :
밀착된 첩보의 그림자

2억 3500만 엔─일본에서 최초로 편성된 원자로 축조 예산의 액수입니다. 1954년 3월 2일, 나카소네 야스히로 중의원 의원(나중에 총리가 됨) 등이 중심이 되어 보수 3당(자유당, 개진당, 일본자유당)이 별안간 1954년도 정부예산안 수정안을 중의원 예산위원회에 제출하고 이틀 뒤인 3월 4일에는 중의원 통과를 강행했습니다.

비키니 환초의 수소폭탄 실험으로 제5후쿠류마루가 '죽음의 재'를 뒤집어쓴 직후이며, 그 피폭사실이 폭로되기 약 2주일 전의 일이었습니다. 여기서 2억 3500만 엔이라는 금액이 책정된 근거는 무엇이었을까요. 나카소네 씨는 자신의 저서에서 "[핵연료인] 우라늄-235의 235입니다(웃음)"(『천지유정(天地有情), 50년의 전후 정치를 말한다』, 문예춘추, 1996)라고 말하고 있습니다.

당시 일본에는 원자력 연구체제조차 마련되어 있지 않던 시절입니다. 바로 이 점이, 일본 최초의 원자력 예산은 아무런 근거도 없이 책정되었다는 것을 시사해 주는 대목이라 하겠습니다. 이 같은 폭거에 대해, 매스컴과 학계에서는 "돈다발로 학자의 뺨을 후려친 행위다"라며 비판이 분출했습니다.

그렇다면 나카소네 씨는 어떻게 원전추진의 선두에 섰던

것일까요. 결정적인 계기는 그 전해인 1953년 미국 하버드대에서 열린 '하계 국제문제 세미나'에서 찾을 수 있습니다.

당시 개진당(改進党) 소속 의원이었던 나카소네 씨는 맥아더 사령부 CIC(대적국 첩보부대) 소속으로 국회와 각 당을 드나들며 정보활동을 하던(같은 책) 어떤 인물의 권유로 이 세미나에 참가하게 되었습니다. 세미나를 총괄하던 사람은 나중에 대통령보좌관이 되는 헨리 키신저(Henry A. Kissinger) 씨였습니다. 나카소네 씨는 세미나가 끝난 후 미국의 원자력시설 견학 등을 경험하면서 당시 원자력연구에 신중한 입장을 취하고 있던 일본학계의 상황을 "정치력으로 타개해야겠다"(같은 책)고 다짐했다고 합니다.

미국의 핵전략에 따라 일본에 원전도입을 적극적으로 추진했던 사람은 나카소네 씨만이 아닙니다. 또 한 사람, 대표적 인물이 당시 요미우리신문사 사주이자 니혼TV의 사장을 지낸 쇼리키 마츠타로 씨(正力松太郎, 나중에 일본정부가 만든 원자력위원회의 초대위원장이 됨)입니다.

제5후쿠류마루 사건을 계기로 일본사회 내에서 반핵 여론과 사회운동이 전국적으로 고조되는 가운데, 총리대신의 야망을 품고 있던 쇼리키 씨는 정치적 구심력을 확보하기 위해 원자력에 주목하고, 자신이 소유하고 있던 신문과 TV를 전면적으로 활용해서 원자력의 평화적 이용 캠페인을 벌이게 됩니다.

1955년 5월, 쇼리키 씨는 세계 최초의 원자력 잠수함 노틸러스(Nautilus) 호를 제작한 군수산업체 제네럴 다이나믹스 사(General Dynamics)의 홉킨스(John J. Hopkins) 사장 등을 '원자력 평화이용 사절단'으로 초빙합니다. 또 같은 해 11월부터 "지속적으로 거액을 투입해서 미 국무부와 합동으로 원자력 평화이용 대박람회를 전국적으로 개최"하는 한편, "『요미우리신문』과 니혼TV를 다 동원해서 이것을 대대적으로 보도해, 여론의 변화를 꾀했다"고 말합니다(쇼리키 씨의 증언, 『원자력개발 10년사』, 일본원자력산업회의, 1965).

심지어 쇼리키 씨의 심복인 시바타 히데토시 씨(柴田秀利, 후에 니혼TV 전무를 역임)는 미국정부의 첩보원과 수시로 접촉을 하였고, 그러던 중 "일본에는 예부터 '독(毒)은 독으로 다스린다'는 속담이 있다. … 원전반대를 무력화시키기 위해서는 원자력의 평화적 이용을 대대적으로 선전"하는 것이 필요하다는 제안을 했다고 밝히고 있습니다(『전후(戰後) 매스컴 회유기(回遊記)』, 중앙공론사, 1985).

핵 반입을 위한 사전공작

아이젠하워 정권의 '평화를 위한 원자력' 캠페인에는, 비키니 환초의 수소폭탄 실험으로 일본에서 확산된 반핵·반미 여론을 바꾸어놓고 일본본토에 핵무기의 도입 및 배치를 가능하게 한다는 실로 놀라운 목적이 감추어져 있었습니다. 이 사실은 국제문제 연구자인 니이하라 쇼지(新原昭治) 씨가 입수한 미국정부의 비밀해제 문서에서 밝혀졌습니다. 쇼리키 씨 등이 주도했던 캠페인도, 결과적으로는 이와 같은 구상의 일부였다고 할 수 있겠습니다.

미군이 주둔해 있는 나라에서는 첫째 핵무기 도입을 자유롭게 할 수 있어야 한다, 둘째 전시(戰時)의 핵무기 사용과 관련해서 어떠한 금지조치도 취할 수 없도록 해야 한다—이상은 미국이 절대 원칙으로 지키고 있는 것들이었습니다.

일본에서도 1953년 10월에 핵무기가 탑재된 항공모함 오리스카니(Oriskany) 호가 가나가와(神奈川) 현의 요코스카(横須賀) 항에 기항(寄港)한 이후, 핵무기를 탑재한 군함의 기항이 일상화되었습니다. 게다가 야마구치(山口) 현 이와쿠니(岩国) 기지 앞바다에는 핵무기를 실은 미 해군 상륙함(LST) 샌와킨 카운티(San Joaquin County)가 1959년부터 1966년까지 정박해 있었다는 사실 또한 밝혀졌습니다.

로버트슨(Ruben B. Robertson, Jr.) 국방부 부(副)장관에게 보낸 후버(Herbert C. Hoover) 국무차관의 답장(1955년 11월 18일)에 따르면, 미국의 통합참모본부는 당시 '일본에 핵무기용 컴포넌트(component) 배치'를 방침으로 세우고 있었지만, 일본사회의 거센 반핵여론 때문에 그것을 즉각 실행에 옮기는 것은 불가능할 것이다고 판단하고 있었습니다.

이에 로버트슨 부장관은 "일본인들이 미국의 원자력 평화적 이용 계획의 가능성을 칭찬하면 할수록 현재 존재하는 심리적 장해를 축소시킬 수 있을 것이며, 군사용 원자력 계획의 실태를 보다 높이 평가하도록 촉구하는 데 효과적일 것"이라고 해서, 국무부·국방부 두 부처가 공동으로 일본인들이 원자력정책을 "호의적으로 이해할 수 있도록" 선전하는 것을 제안합니다. 그러면서 그 구체적 수단으로 첫째 일본인 연구자의 육성, 둘째 일본 국내에 원자력박람회 개최 등을 열거하고 있습니다.

또한 1956년 12월 3일 스미스(Gerald Smith) 국무장관 특별보좌관이 그레이(Gordon Gray) 국방차관보 앞으로 보낸 편지에 따르면, 그후에도 미국정부 내에서 일본에 핵무기 저장과 관련한 정치적 장해의 최소화 방책을 놓고 협의가 진행되었으며 "단기적으로는 원자력의 평화적 이용 문제에 전념함으로써… 최선의 결과를 거둘 수 있도록 한다," 다시 말해 "핵무기의 유용성을 받아들이도록 한다"고 결론을 내리고 있습니다. 히로시마와 나가사키의 원자폭탄 투하로 21만이 넘는 사람들이 목숨을 잃는 것을 목도했던 일본국민들에게 핵무기의 유용성을 교육한다—이것이 바로 '평화를 위한 원자력' 정책의 끔찍하기 짝이 없는 실체입니다.

그후에도 일본의 평화운동은 크게 발전하여, 미국은 유럽에서처럼 일본에 핵무기 배치·도입을 공공연히 승인하지는 못하게 되었습니다. 그러나 당시 자민당정권에게 핵무기의 유용성을 인지시키는 데는 성공했으며, 그 결과 1960년 미일안보조약 개정 때 핵무기를 탑재한 미 군함 및 항공기의 일본출입을 용인하는 핵밀약(核密約)이 체결되었던 것입니다.

군사 우선의 개발:
핵잠수함부터 시작했다

동일본 대지진이 발생한 당일 2011년 3월 11일 멜트다운(melt-down)이 일어나, 다음날 12일에 수소폭발을 일으킨 후쿠시마 원전 1호기는 미국 제너럴 일렉트릭(GE) 사가 건조(建造)한 경수로였습니다. 일본에서 상업용 원자로 가동이 본격화된 1970년대 전반기에 건설되었던 원자로는 모두 미국의 GE와 웨스팅하우스(WH) 사가 수주한 것들입니다(아래 표 참조).

<1970년대 전반기에 건설된 원자로와 주요 수주기업>

원전	주요 수주기업	운전개시
쓰루가(敦賀) 1호기	GE	1970년 3월 14일
미하마(美浜) 1호기	WH/미쓰비시	1970년 11월 28일
후쿠시마 제1원전 1호기	GE	1971년 3월 26일
후쿠시마 제1원전 2호기	GE/도시바	1974년 7월 18일

미국의 원자력개발은 처음부터 원자폭탄의 개발이나 원자력 함선의 건조 같은 군사적 목적으로 추진되어 왔습니다.

상업용 원전의 실용화가 진행되던 50년대를 살펴보면, 미국은 1954년에 세계 최초로 핵잠수함 노틸러스 호를 진수시켰고, 핵무기도 1953년 1천 발에서 1960년에는 2만 2천 발로 늘어났습니다. GE와 WH 사는 군사개발에서 상업적 이용에 이르기까지 원자력개발 관련 프로젝트를 거의 독점적으로 수주했습니다. 두 회사는 미국 원자력위원회의 지시감독을 받으며 함선용 원자로를 개발하기도 했는데, 당시 아이젠하워 대통령이 WH의 '가압수형(加壓水型) 원자로'(PWR)를 채택함에 따라 지금까지 미 해군은 이 모델을 사용하고 있습니다.

애초 미국은 원자력발전에 소극적이었지만, 영국과 소련이 원자력발전의 가동에 성공하는 것을 보고 노선을 바꾸게 됩니다. WH사의 핵잠수함용 원자로를 뭍으로 끌어올려 1957년에 시핑포트(Shippingport) 원전을 가동하기 시작했습니다. 물론 이 원전의 가동은 미 해군의 주도 아래 이루어졌습니다.

한편 GE사는 WH사에 대항하기 위해 '비등수형(沸騰水型) 원자로'(BWR) 개발에 들어갔고, 1959년 10월 드레스덴(Dresden) 원전에서 임계를 달성했습니다. 그리고 몇 년 후 일본과 계약을 체결하게 됩니다.

이렇듯 애초부터 군사적 수요가 발단이 되어서 거의 촌각을 다투다시피 하며 개발된 원자로이다 보니 당연히 구조적으로 결함이 있을 수밖에 없었습니다.

『뉴욕타임스』(전자판, 2011년 3월 15일자)에 따르면, 후쿠시마 제1원전 등 일본에 총 9기가 있는 '마크1'형 원자로에 대해 미국 원자력위원회는 1972년 원자로의 격납용기(格納容器)가 작은 점을 지적하면서 수소가 응집되어 폭발할 경우 격납용기는 쉽게 손상되어 버릴 것이라며 "사용을 중지해야 한다"고 경고했다고 합니다. 이 경고대로 후쿠시마 제1원전에서 1호기의 격납용기가 손상되었습니다.

더구나 이 원자력발전소의 1~4, 6호기 개발에 참여했던 전(前) 도시바 소속 엔지니어 오구라 지로(小倉志郎) 씨는 3월 16일 외국특파원협회와의 인터뷰에서 다음과 같이 지적했습니다. "GE사의 원자로는 애초부터 지진해일을 전혀 상정하지 않고 설정되었다. 2호기부터는 모두 일본에서 건조되었지만 모두 다 1호기의 설정을 답습하고 있었다." 미국에서는 원전이 대부분 내륙지방에 건설되고 있기 때문에 지진해일의 대책을 상정하지 않는 것은, 어찌 보면 당연할 수도 있습니다. 지진해일 때문에 비상용 전원이 꺼지고 원자로의 냉각기능이 상실할 위험성과 관련해서는 일찍이 일본공산당 후쿠시마 현 위원회 등이 거듭해서 경고한 바 있었습니다.

일본공산당 요시이 히데카츠(吉井英勝) 의원이 후쿠시마

제1원전 사고가 일어난 지 두 달 후인 5월 27일에 열린 중의원 경제산업위원회에서, 후쿠시마 제1원전 사고에서 반드시 짚고 넘어가야 할 제조사 GE의 책임을 추궁하자 외무성의 무토 요시야(武藤義哉) 심의관은 "현재의 미일원자력협정에는 이전 협정의 어떤 면책규정도 승계되지 않고 있다"고 답변했습니다. 그러나 현시점에서 GE의 책임을 묻는 일과 관련한 어떤 움직임도 보이지 않습니다.

원자력협정을 둘러싼 공방:

핵물리학자 유카와 히데키의 항의성 사임

"이 건의 발표는 신중을 요함." 외무부 비밀해제 문서(1955년 3월 18일자 메모)에서 언급되고 있는 '이 건'이란, 1955년 1월 11일 미국이 일본정부에 제시한 대일원자력원조에 관한 구상서(口上書)[9]를 말하는 것입니다.

아이젠하워 대통령이 제창한 원자력의 평화적 이용 정책의 구체화 방안에는 농축우라늄이나 원자로 제공이 포함되어 있었습니다. 이에 이구치 사다오(井口貞夫) 주미대사는 즉각 "일본에서도 추진을 위한 명분을 마련할 것, 국내외적으로 시의적절하다고 보임"(1955년 1월 25일자 전문)이라고 의사를 밝혔습니다. 그러나 『아사히신문』이 그해 4월 14일자에서 폭로할 때까지, 구상서의 존재는 극비로 취급되었습니다. "원자로 건설에 대한 미국의 협력에 반대하는 학계 일부나 원자력문제에 민감한 일반여론을 쓸데없이 자극하는 것을 피하기 위해서"(앞의 메모)라는 이유 때문이었습니다.

'과학자들의 국회'로 불리는 일본학술회의는, 제5후쿠류마루 사건이 밝혀진 직후인 1954년 3월 18일 원자핵특별부회(原子核特別部会)에서 '자주·민주·공개'의 원자력연구 3원칙을 결정

합니다.

하지만 미국 쪽 원자력협정안을 보면 9조에 "동력용 원자로 (원전)에 대한 협정이 체결되기를 희망하는 동시에 기대하며, 그 가능성에 대해 수시로 협의한다"는 규정이 있습니다. 농축우라늄도 원자로도 미국산, 게다가 미국 원자력법에 따라 기밀보호까지 요구받고 있었던 것입니다. '자주·민주·공개'의 3원칙과는 완전히 반대되는 내용이었습니다.

재계가 미국으로부터 원자로 구입을 강력히 주장했지만, 정부는 이 9조를 삭제할 것과 기밀보호 조항의 적용 제외를 요청하기로 결정했습니다. "동력용 원자로에 관한 미일협정이 실행되면서부터 독점적인 미국자본의 도입을 유치할 것이고 또 우리쪽 학술연구의 자주성이 훼손될 우려가 있다는 등등의 영향력이 있으면서도 다분히 감정적인 의견도 고려"(1955년 이구치 주미대사 앞으로 보낸 전문)한 결과였습니다. 그리하여 1955년 11월 원전건설을 전제로 하지 않는 '미일원자력연구협정'이 조인되었습니다.

이로써 언뜻 자주적인 원자력연구가 보장되는 것처럼 보였지만, 초대 원자력위원회 위원장으로 취임한 『요미우리신문』 사주 쇼리키 마츠타로 씨는 1956년 1월 4일에 "5년 내에 원전건설, 미국과 동력협정 체결" 등을 골자로 하는 구상을 발표[10]해 버립니다. 14일에는 미국 원자력협회의 스트라우스(Lewis Strauss) 위원장이 '쇼리키 구상'을 환영한다는 이례적인 성명을 내어놓습니다. 그리고 1956년 말에 원자력협정을 재검토하는 작업에 들어가게 됩니다.

이에 항의하며 1957년 3월 18일 원자력위원회에서 사임한 인물이 바로 일본인 최초로 노벨상을 수상한 물리학자 유카와 히데키(湯川秀樹) 씨였습니다. 유카와 씨는 사임 직전 다음과 같이 호소했습니다.

> 동력협정이나 동력로(動力炉) 도입에 관해 어떤 결단을 내린다는 것은, 우리나라 원자력개발의 앞날에 장기간에 걸쳐서 영향을 끼칠 것임에 틀림없기 때문에, 신중에 신중을 거듭해야 한다. (『원자력위원회 월보』, 과학기술청원자력국, 1957년 1월호)

하지만 원자력위원회는 결국 자민당정권에 좌지우지당하면서 안전성 문제를 부차적인 것으로 사고하는 '원전 추진기구'로 변모해 버리고 맙니다.

앞뒤가 뒤바뀐 출발

미국, 프랑스에 이어 세계 3위의, 54기 원전이 빼곡히 들어서 있는 일본. 미국은 원자로의 연료인 농축우라늄 제공을 발판으로 일본을 위험하기 짝이 없는 원전열도로 만들어놓았습니다. 이 농축우라늄 제공을 결정한 것이 바로 미일원자력협정입니다.

최초의 협정은 1955년 11월에 조인된 '미일원자력연구협정'입니다. 이 협정에는, 미국은 연구용으로 일본에 농축우라늄을 최대 6킬로그램(우라늄235의 양)까지 대여한다고 되어 있습니다.

일본에서 원자력개발의 움직임은 처음부터 미국의 세계핵전략에 호응하고 있었습니다만, 원칙상으로는 '자주개발'을 그 기본으로 하고 있었습니다. 일본 원자력위원회가 1957년 12월에 간행한 『쇼와(昭和) 31년판 원자력백서』에도 "원자력개발이 처음 시작되었을 때는, 우리나라의 원자력개발은 모두 국산기술을 기초에서부터 배양하는 것을 기본자세로 한다고 했으며, 원자력기술의 육성 계획 역시 이 노선을 따라 수립되었다"고 씌어 있습니다.

그러나 "미일원자력 [연구] 협정이 등장하면서 상황이 급변"(같은 책)하게 됩니다. 일본정부는 1955년 6월의 미일원자력연구협정 가조인(假調印)으로 대여받은 농축우라늄을 사용하기 위해 미국으로부터 연구용 원자로를 구입할 계획을 세우게 됩니다. 결국 "농축우라늄의 도입은 장기간에 걸쳐서 소규모로 기초적인 부분부터 자력으로 원자력기술을 배양해 나간다는 일본의 원자력에 관한 구상이 해외[미국] 원조를 받아들여 빠른 속도로 대규모로 진행하는 방식으로 바뀌게 되는 결정적 요인이 되었다"는 것입니다.

구체적인 원자력 연구계획도 전혀 없이 원자로 축조 예산을 책정하고(1954년), 어떤 모델의 원자로를 도입할 것인지 판단도 하지 않고 농축우라늄을 들여오기로 결정하고, 그리고 맨 마지막으로 원자로를 설치할 연구소(원자력연구소)의 설립(1956년 6월)을 결정합니다. 일본정부의 이 같은 일처리 방식은 세계적으로도 그 예를 찾아볼 수 없는, 실로 앞뒤가 뒤바뀐 연구의 출발이라는 지적을 받았습니다. 그리고 이렇듯 앞뒤가 뒤바뀐 상황은 그 뒤로도 쭉 이어졌습니다.

1955년의 연구협정은 1958년에 동력용 원자로의 개발을 목적으로 하는 새로운 협정(6월 조인)으로 대체되었습니다. 이 협정은 미국이 일본에 제공하는 농축우라늄의 양을 늘려 2.7톤(우라늄235의 양)까지 대여할 수 있다고 명시하고 있으며, 이와 함께 실험용 동력로도 도입되었습니다. 게다가 1968년 2월에 조인된 미일원자력협정에는 일본에서 건설중이거나 계획 또는 고려중인 원전에 향후 30년 동안 필요한 우라늄235의 양을 일일이 기록해 놓고, 일본은 전체 합계 154톤을 미국으로부터 도입하는 것을 의무화하고 있었습니다. 이 협정에서 명시한 원전 가운데는 동일본 대지진으로 사고를 일으킨 후쿠시마 원전도 포함되어 있었습니다.

일본에서 후쿠시마 제1원전 등 상업용 원자로의 건설이 막 시작되던 1967년 4월, 원자력위원회는 새로운 '원자력의 연구, 개발 및 이용에 관한 장기계획'을 발표했습니다.

이 계획은 일본의 원자력발전이 장기간에 걸쳐 미국이 개발한 경수로에 의존하고, 그 연료인 농축우라늄의 공급까지 미국 한 나라에 의지하는 것은 원자력개발의 자주성 확보 차원에서 "반드시 바람직한 것은 아니다"라고 강조하고 있습니다. 하지만 현재 일본 내에 있는 원전 54기는 모두 미국에서 개발된 가압수형 경수로(PWR)와 비등수형 원자로(BWR, 개량형 4기 포함)입니다.

농축우라늄의 경우, 미국으로부터 수입에 100% 의존하던 처음과 비교하면 프랑스나 영국 등 수입처의 확대가 도모되어 왔지만, 지금도 여전히 미국으로부터 수입이 70%를 차지할 만큼 미국에 의존하고 있습니다(다음의 표 참조).

<농축우라늄 주요 수입국과 수량, 비율>(2004~2010년 합계)

1 미국	4602.7톤 (73%)
2 프랑스	1146.2톤 (18%)
3 영국	532.3톤 (8%)
4 네덜란드	30.2톤 (0%)
5 러시아	25.8톤 (0%)
합 계	6337.1톤

* 끝자리 수 처리 관계로 합계는 맞지 않음. (출처: 경제산업성 제출자료)

또 원자력위원회가 발간한 『쇼와 62년판 원자력백서』를 보면, 일본의 원전 사업자가 미국 이외의 국가에서 들여온 농축우라늄을 섞어 연소시킬 경우 그 비율을 최고 30%로 제한하는 계약을 미국과 맺고 있다고 지적하고 있는데, 이로써 제약이 부과되고 있음이 밝혀지고 있습니다.

개정 원자력협정의
'국가안전보장'이라는 문구

일본의 대미 종속적 원자력정책은, 1988년에 개정된 현행 미일 원자력협정에 '핵연료 사이클 시설'의 건설을 비롯해 위험한 계획이 등장하기 시작하면서 새로운 단계에 접어들게 됩니다.

다 쓰고 난 핵연료를 재처리해 다시 핵연료로 사용하는 '핵연료 사이클' 과정에서는 핵무기의 원료가 되는 플루토늄이 추출됩니다. 미국이 일본과의 협정으로 '핵연료 사이클'을 용인한 배경에는 사실 "미일안보조약이 폐기될 경우, 미국은 일본의 원자력발전을 정지시켜 버릴 수 있다"는 계산이 깔려 있다고 볼 수 있습니다.

1966년 이바라키 현 도카이 무라(東海村)에서 최초로 상업용 원전이 가동된 이후, 일본에서는 거의 해마다 원자로의 증설이 이루어졌습니다. 발전량은 1966년 16.6만 킬로와트에서 10년 후에는 660만 킬로와트까지 증가했습니다. 원전의 증설은 사용 후 핵연료의 처리라는, 결코 피해 갈 수 없는 문제를 낳습니다.

세계적으로 핵폐기물을 처분하는 방법은 아직 확립되어 있지 않지만, 일본은 사용 후 핵연료를 영국과 프랑스의 재처리시설에 위탁해서 다시 한번 핵연료로 재처리하는 방식을 택하고 있었습니다.

그러나 1968년의 구 미일원자력협정을 보면, 일본은 사용 후 핵연료의 재처리를 실행할 경우 그때마다 미국의 '동의'를 받도록 되어 있습니다. 재처리를 하면 핵무기의 원료가 되는 플루토늄이 추출됩니다. 그 시절 미국은 핵독점 상태를 유지하기 위해 만반의 태세를 갖추는 데 매우 예민해져 있었던 것입니다.

> [미국의] 동의가 나올 때까지 몇 달이 걸려 수송선의 용선계약(char-ter)에 차질이 생기는가 하면, 전력회사 부사장급이 미국의회의 공청회에 소환되는 것과 같은 일이 자주 일어났다.

이 시기를 잘 알고 있는 원전업계 관계자의 증언입니다. 심지어 1977년에는 일본 최초의 재처리시설인 도카이 무라 재처리공장이 운전을 시작하기 바로 전에, 미국이 가동을 정지시키는 사건이 발생하기도 했습니다.

당시 일본의 원전에 사용된 농축우라늄의 90%가 미국산(현재는 약 73%)이었습니다. 원자로 역시 미국으로부터 수입 또는 특허를 받아 건설한 것이 대부분이었습니다. 사실상 미국의 전면 지배 아래 있던 이와 같은 상태는 '원전 이익공동체'를 구성하고 있던 일본재계 입장에서는 심각한 모순이 아닐 수 없었습니다.

이 때문에 미일원자력협정 개정을 위한 교섭이 진행될 때, 일본은 핵폐기물 처리에 대한 '포괄적 동의'(자유롭게 재처리를 할 수 있는 권리를 획득하는 것)를 확보하는 것이 최대 목표였습니다.

당시의 미국측 외교문서를 읽어보면, 레이건 정권은 교섭이 시작된 1982년 당시부터 일본의 '포괄적 동의'에 긍정적인 입장이었던 것으로 보입니다. 그렇지만 미국은 이 '포괄적 동의'를 승인은 하지만, 언제라도 정지시킬 수 있는 시스템이 반드시 필요하다는 주장을 펼쳤습니다. 그 결과 최종단계에서 제시한 조건은, 새로운 협정에 "미국의 국가안전보장을 위협하는 사태가 벌어질 경우에는 포괄적 동의를 정지한다"는 문구를 집어넣는 것이었습니다.

"에너지 분야의 교섭에서 무슨 국가안전보장인가!" 일본측 대표단은 미국측의 이해하기 힘든 주장에 고개를 갸우뚱거리면서도 어쩔 수 없이 이 문구를 삽입하는 데 합의하여, 마침내 1987년 11월 미일 양국은 새로운 원자력협정을 조인하게 됩니다. 그런데 실은 바로 이 "국가안전보장을 위협하는 사태"라는 문구에는 감추어진 해석이 있었습니다.

안보조약이 절대조건

"일미(日美)간의 대등성 확보 등이 실현되었다."(1988년판 『과학기술백서』) 일본정부는 새로운 미일원자력협정에서 사용 후 핵연료의 재처리를 자유롭게 할 수 있는 '포괄적 동의'를 받아냄으로써 그동안 미국에 일방적으로 의존하고 있던 원자력정책이 대등해졌다고 선전했습니다. 하지만 그 실상을 들여다보면, 미국은 언제든지 규제권(規制權)을 발동할 수 있는 구조로 되어 있습니다.

이를 규정하고 있는 것이 새 협정의 실시계약 제3조[1]입니다. 미국이 "국가안전보장에 대한 위협"이라고 판단하면, 일본에 승인한 일체의 권리를 모두 정지시킬 수 있다는 것입니다. 애초부터 일본에서 사용되는 농축우라늄의 70퍼센트 이상이 미국제입니다. 현재 일본이 구입하고 있는 천연우라늄 가운데 미국산은 단 몇 퍼센트에 지나지 않습니다. 하지만 미국의 농축공장에서 우라늄이 농축되는 그 순간부터 미국의 규제권이 발동하도록 되어 있습니다. 그렇기 때문에 당시 이 협정에 참여했던 관계자조차 "일본의 원자력행정이 자립적이라고는 말할 수 없다"고 단언하고 있습니다.

그리하여 일본공산당은 "일본의 원자력정책을 명실공히 미국의 핵전략에 더한층 종속시킨다"(1988년 4월 27일, 중의원 외무위원회 마츠모토 젠메이 松本善明 의원)고 지적하며 이 협정의 비준에 반대했습니다. 이 문제에 대해 답변에 나선 사람이 외무성의 엔도 데츠야(遠藤哲也) 심의관이었습니다. 그러나 엔도 씨는 몇 번이나 추궁을 당하면서도 "국가안전보장에 대한 위협"이라는 해석 문구는 끝까지 숨겼습니다.

그런데 2010년 11월에 엔도 씨는 외무성 계열의 연구기관인 일본국제문제연구소가 발행한 책에서 처음으로 그 해석에 관한 부분을 밝히고 있습니다.

> 미국측은 "완전히 가정이지만"이라는 단서를 붙이면서, 예를 들어 일본이 미일안보조약을 파기하는 등의 문제, 유럽에서 교전상태가 발생했을 경우 영국과 프랑스에서 재처리 방식, 파나마 운하에서 소요가 일어났을 경우 사용 후 연료의 이전 문제 등을 열거했다. (『1988년 미일원자력협정의 성립경위와 앞으로의 문제점』)

『신문 아카하타』의 취재에서도 엔도 씨는 "거의 일어날 수 없는 사태이지만"이라고 변명하면서 미국측으로부터 미일안보조약의 파기 운운하는 말이 나왔음을 인정했습니다.

일본이 안보조약 파기의 통보를 받으면 협정에 명시된 모든 권리를 박탈당하고, 원전가동에도 중대한 지장이 발생한다—원전을 둘러싸고 있는 '원전 이익공동체'의 구성원 입장에서는 결코 일어나서는 안 되는 일이었습니다.

미일원자력협정의 교섭에는 전력업계가 전면에 나서서 관여했습니다. 도쿄전력과 간사이전력의 임원들이 정부측 전문가 자격으로 외무성이나 통상산업성의 담당자들에게 조언하는 한편, 미국의회의 유력 의원들에게 로비활동을 거듭했습니다.

당시의 한 관계자는 "미국은 원자력발전을 에너지가 아니라 안전보장의 문제로 위치설정을 하고 있음을 강하게 느낄 수 있었다"고 증언합니다. 그후 도쿄전력의 가츠마타 쓰네히사 회장과 아라키 히로시(荒木浩) 전(前) 회장 모두 정부의 방위 기본원칙 수립을 위한 '유식자간담회'(有識者懇談会)의 좌장을 맡는 등, 전력업계의 수뇌부들이 일본의 안보정책에 계속 관여를 해왔습니다.

미일원자력협정 개정의 교섭은, 겉으로는 '미국과의 대등성(対等性)'을 내걸면서 오히려 종속성을 심화시켰던 미일안보조약 개정교섭과 완전히 똑같은 과정을 거쳤다고 할 수 있습니다. 결국 이렇게 해서 협정의 유효기간인 2018년까지 일본의 원자력정책은 물론 안보정책까지 미국의 통제 아래 놓이게 된 것입니다.

원전이 '핵 보유력'인가

미국이 원자력발전의 연료인 농축우라늄을 제공하고 있는 동맹국과 우호국에 사용 후 핵연료의 재처리를 쉽게 승인해 주지 않는 가장 큰 이유는 무엇일까요. 그것은 앞에서 언급한 바와 같이 재처리 과정에서 추출되는 플루토늄이 핵무기의 원료가 되기 때문입니다.

특히 일본이 원전을 본격적으로 가동하기 시작한 1970년을 전후해서, 인도가 1974년에 첫 핵실험을 단행하는 등 당시 핵보유국 5개국 이외의 나라들로 핵확산의 위기가 현실적인 문제로 대두되고 있었습니다. 일본도 예외는 아니었습니다. 외무성이 극비자료로 취급해 온 내부문서 「우리나라 외교정책 대강」(1969년 4월 25일)을 보면, 다음과 같은 문장이 있습니다.

핵무기와 관련해서는 NPT(핵확산금지조약) 참가 여부에 관계없이 당분간 보유하지 않는 정책을 취하지만, 핵무기 제조의 경제적·기술적 가능성(potential)은 항상 보유하는 동시에 이에 대해 방해를 받지 않도록 각별히 신경 쓴다.

그리고 같은 해 8월 29일자 외무성 내부협의의 의사록(議事錄)을 보면 무라타 료헤이(村田良平) 기획과장이 "원자력의 평화적 이용에는 명백히 문제가 있다. 핵무장에 대한 프리핸드(free hand, 자유재량권)를 가지지 못한다는 것은 일종의 국익침해이다"고 주장하면서 원자력의 평화적 이용, 즉 미국에 의존하는 원자력정책이 아니라 독자적으로 핵무장을 추진해야 한다는 생각을 내비치고 있습니다. 원자력위원회의 자료에 따르면, 2009년 말 현재 일본이 관리하고 있는 분열성 플루토늄은 약 31톤. 핵무기 한 개당 4킬로그램의 플루토늄이 필요하다고 상정했을 경우 7750개분에 해당합니다.

일본이 핵 군사대국이 될 만한 잠재력을 가지고 있는 것은 사실입니다. 그러나 외무성이 2010년 11월에 공개한 일련의 내부 문서를 보면, 최종적으로는 무라타 씨와 같은 주장은 거부당하고 있었습니다.

NPT가입의 시시비비를 논한 1973년 4월 20일자의 문서에는 "우리나라는, 적어도 현단계에서는 핵무장을 할 가능성이 전혀 없다"고 언급하고는 핵 비확산체제를 받아들임으로써 얻을 수 있는 메리트로는 미군으로부터 핵무기에 의한 '핵우산'을 제공받을 수 있다는 점과 더불어 "평화적으로 이용되는 핵물질이나 원자력산업 시설 및 설비를 외국에서 확보하기가 용이해진다"는 점이 열거되어 있습니다.

또한 외무성 관계자는 "[일본이] 핵무장을 하면 미국이 농축우라늄 공급을 중단하여 원전이 멈추어버린다. 원자폭탄 하나 혹은 두 개와 맞바꾸기에는 잃을 게 너무나 많다"고 말하고 있습니다. 유럽원자력공동체(European Atomic Energy Community, EURATOM)을 제외하면, 일본은 미국으로부터 예외적으로 핵연료 재처리의 자유재량권을 부여받고 있는 유일한 나라입니다.

"중요한 결정에서는 언제나 미국 쪽 입장에 선다." 2009년 12월 국제원자력기구(IAEA) 사무국장에 취임한 아마노 유키야(天野之弥) 씨가 취임 직전에 미국측에 이렇게 말했다는 사실이 내부고발 사이트 '위키리크스'(Wikileaks)에서 폭로되었습니다.

일부 극우세력들 사이에서는 '핵무장론'이 흘러나오고 있지만, 전체적으로 일본의 원자력정책에 대한 지배는 제대로 기능하고 있으므로 재처리를 용인하더라도 문제될 것이 없다—미국은 이런 확신을 가지고 있는 것은 아닐까요.

후쿠시마 원전 사고의 대처:
백악관으로 직결

2011년 6월 3일, 후쿠시마 원전 사고 정부·도쿄전력 종합대책실의 합동기자회견. 사고대처에서 '미일협력'에 대해 보고한 호소노 고시(細野豪志) 총리보좌관(나중에 원전사고담당 대신이 됨)은 "동맹관계로서의 다양한 협력이 신뢰관계에 기초해서 적극적으로 이루어지고 있다"고 말했습니다.

미국정부는 3월 11일 사고가 발생한 직후부터 피해상황 평가 및 일본정부의 대응을 지원하기 위해 미국 원자력규제위원회(NRC)의 전문가들을 파견하는 한편, 자국 국민들에게 후쿠시마 제1원전으로부터 반경 50마일(약 80킬로미터) 밖으로 피난할 것을 권고하는 등 독자적으로 대처해 왔습니다.

이 권고는 "[사고 발생지역] 20킬로미터 권내(圈內)의 주민들은 피난하게 한다"는 당시 일본 쪽의 조치와 크게 차이가 나서, 사고에 대한 일본과 미국의 인식차이를 선명하게 드러내 보였습니다. 게다가 미국정부 내에서는, 지원을 자청했음에도 불구하고 일본 쪽이 처음에 받아들이는 데 소극적 태도를 보임으로써 간 나오토 정권의 위기관리 능력에 대한 불신이 여기저기서 터져나왔다고 합니다.

마침내 이러한 애타는 목소리는 일본 총리관저에도 흘러 들어갔고, 3월 17일 간 나오토 총리는 오바마(Barack Obama) 미국대통령과의 전화회담에서 의사표명을 했던 지원과 관련해서는 앞으로 미국 쪽과 적극적으로 협의할 것을 약속하는 한편, 미국이 파견한 원자력 전문가들과도 긴밀하게 협조해 나가겠다고 표명했습니다. 앞서 언급한 호소노 씨의 회견내용에 따르면, 이 전화회담이 계기가 되어서 원전사고 대응과 관련해서 미일 양국의 관계자들이 한자리에 만나서 협의하는 시스템이 구성되어 3월 22일부터 처음에는 매일 협의가 진행되었다고 합니다.

일본 쪽에서는 호소노 씨와 후쿠야마 데츠로(福山哲郎) 관방 부(副)장관을 비롯해서 관계부처 및 도쿄전력 관계자가, 미국 쪽에서는 에너지부(Department of Energy), NRC, 군, 주일미대사관 관계자가 참석한 이 자리에서는 원자로와 사용 후 핵연료봉의 안정화, 방사성물질의 확산 방지, 방사능 오염수에 대한 대응 등 "모든 부분에 대해 논의"가 이루어졌으며 "[미국 쪽으로부터] 여러 가지 어드바이스를 들을 수 있었다"(호소노 씨)고 합니다.

간 총리에게 미일협의를 진언한 것으로 알려진 민주당의 나가시마 아키히사(長島昭久) 중의원 의원은 이 협의를 "일본의 총리관저와 백악관을 연결해 주고 양국의 의견결정에서 대단히 중요한 것"이라고 강조하고 있습니다(Voice, 2011년 7월호).

문자 그대로 미국정부는 사고대응의 의사결정 과정에 조직적이고도 전면적으로 관여할 수 있는 백악관 직결 시스템을 만들었던 것입니다.

　　더욱이 이러한 미일협력에 "처음부터 원자력 추진과 그 안정성에 대한 감독 책임을 맡은 미 해군조직인 해군원자로 방위 전문가가 주로 막후에서 역할을 수행했다"고 지적되고 있습니다 (패트릭 크로닌 신미국안보센터 선임고문 등의 논문, 『외교』, 2011년 5월 제7호). 이는 일본의 원자력발전이 원래 미 해군이 잠수함용으로 개발해서 상업용으로 용도를 바꾼 원자로를 그대로 수입했거나, 라이선스 생산한 것들이기 때문입니다.

　　호소노 씨는 기자회견에서 미일협력이 엄연한 독립국끼리의 협력이라는 점을 거듭 강조했습니다. 그러나 중대한 원전사고에서 미국의 원조가 필요하다는 것 자체가 일본의 원전기술이 미국발이며, 지금까지도 자립하지 못하고 있다는 사실을 보여주는 것이라 하겠습니다.

원전'철폐' 발언에 미국의 압력

[후쿠시마] 원전 사고가 일어나서 많은 사람이 죽은 것은 아니다. 오히려 지진과 지진해일로 목숨을 잃었다. 확실히 오염은 심각하지만 일본의 극히 일부가 오염되었을 뿐이며, 체르노빌 [원전 사고]의 10분의 1정도다.

2011년 6월 16일 도쿄에서 열린 한 강연회에서, 후쿠시마 원전 사고의 영향을 고의로 축소시키기 위해 이런 어처구니없는 발언을 한 사람이 있었습니다. 다름아니라 신미국안보센터(Center for New American Security, CNAS)의 패트릭 크로닌(Patrick M. Cronin) 선임고문입니다.

CNAS는 오바마 정권에서 동아시아·태평양 정책을 담당하는 캠벨(Kurt M. Campbell) 국무차관보가 창립한 싱크탱크이며, 크로닌 선임고문은 캠벨의 심복으로 불리는 사람입니다. 그러나 실제로는 이번 원전사고에서 미국정부의 대응은 크로닌 씨의 발언과 정반대였습니다.

이번 사고와 관련해서, 미국정부는 주일미군을 포함한 일본 내 미국 정부기관의 직원가족에 대해 국외로 피난하는 것을 허가했으며 미군은 국방장관의 승인을 받아 방사능 검사 및 오염제거, 의료지원 등을 수행할 해병대의 '화학·생물 무기사태 대응부대'(Chemical Biological Incident Response Force, CBIRF)를 파견하는 등 위기감(당시 방위대신 기타자와 도시미 北澤俊美의 표현)을 가지고 대응했습니다. 방사능오염으로부터 함체(船体)를 방호하기 위해, 요코스카 기지(가나가와 현)를 모항(母港)으로 하는 원자력항모 조지 워싱턴을 규슈 근해로 피난하게 하는 조치까지 취했습니다. 그렇다면 크로닌 씨는 왜 사고의 영향을 축소하려 한 것일까요.

강연에서 그는 "앞으로 일본의 경제성장은 건전한 에너지정책에 기초한 것이어야 하며, 이는 미국으로서도, 또 세계적으로도 매우 중요하다"고 주장하면서, 에너지로는 "다양한 수단이 필요"하며 "반드시 원자력은 이런 수단 가운데 하나가 되어야 한다"고 강조했습니다.[12] 뿐만 아니라 "[원전의] 안전도를 높여서 리스크를 최소한으로 억제할 수 있는 새로운 원자력기술의 혁신(innovation)을 일으킬 필요가 있다"고 그는 말했습니다.

이 발언은 2011년 3월 30일에 오바마 대통령이 발표한 새로운 에너지정책에서 "차세대 원자로의 설계 및 건설과 관련해서는, 원자력규제위원회가 기존 원자로의 안전점검을 실시하는 것과 일본의 교훈이 추가될 것이다"고 밝히고 있는 점과 일치합니다.

    오바마 정권은 '지구온난화 대책'을 명분으로 내세우며 원전추진 노선을 택하고 있습니다. 그러나 1979년 스리마일(Three Mile) 섬에서 원전사고가 발생한 이래, 미국에서도 원전의 안전성에 대한 의구심은 적지 않게 제기되고 있습니다. 이 때문에 일본에 어떻게 해서든 '안전한 원전'을 실현할 것을 요청하고 있는 것입니다. 간 나오토 총리(당시)는 2010년 6월 전체 전력에서 원자력발전이 차지하는 비율을 향후 20년 동안 50% 이상으로 높인다는 계획 아래 원전을 최소한 14기 이상 새로 증설하는 것을 골자로 한 '에너지 기본계획'을 각료회의에서 결정하고, 11월에는 오바마 미국대통령과의 회담에서 원자력분야에서 미일협력을 추진하는 것을 확인했습니다.

    하지만 2011년 3월, 동일본 대지진으로 후쿠시마 원전에서 사고가 발생하자 간 총리는 "에너지 기본계획을 일단 원점으로 돌려놓고 논의하겠다"고 표명하게 됩니다. 그런데 5월 말 프랑스에서 열린 주요 8개국 수뇌회담(G8 summit)에 참석한 그는 오바마 대통령 등이 함께한 자리에서 돌연 "최고 수준의 원자력 안전을 실현하겠다"고 밝히면서 앞으로도 원자력발전을 지속해 나갈 것을 국제적으로 공약했습니다.

    그후 간 총리는 하락하는 내각 지지율이 좀처럼 올라갈 기미를 보이지 않자 7월 13일에 다시 "원자력발전에 의존하지 않는 사회를 지향하겠다"고 표명했다가 바로 이틀 후 "제 개인적인 생각"이었다며 다시 말을 바꿨습니다.

이에 나이즈(Thomas R. Nides) 미국 국무부 부(副)장관은 같은 달 20일, 다카하시 치아키(高橋千秋) 외무성 부대신과 회담하는 자리에서 "가까운 장래와 상당히 앞을 내다본 장래의 [일본] 에너지 [정책]를 어떻게 할 것인가"라며 다그치기도 했습니다.

간 총리는 결국 탈(脫)원전을 위한 구체적인 방안을 아무것도 제시하지 못한 채 퇴진했고, 그의 뒤를 이은 요시히코(野田佳彦) 총리는 급기야 9월 13일의 연설에서 정기점검으로 정지해 있는 원전을 재가동시키겠다고 자신의 소신을 피력했습니다.

동요하는 원자력업계:
이권유지를 위한 미일융합(美日融合)

미국은 1953년 12월 '원자력의 평화적 이용'(Atom for Peace) 정책을 발표한 이래 군사적 분야와 비군사적 분야를 망라해서 핵을 이용한 세계지배를 관철시켜 왔습니다.

구체적으로는 전세계에 핵무기 그물망을 설치하는 한편, 동맹국과 우호국에 농축우라늄이나 원자로를 제공해서 에너지분야에서의 지배력을 확립한 것을 그 예로 들 수 있겠습니다. 특히 일본은 미국의 이 정책을 전면적으로 수용해 온 나라입니다.

이 '핵으로써 세계지배'에서 핵심을 이루었던 것이 바로 미국의 원자력업계입니다. 제너럴 일렉트릭(GE) 사, 웨스팅하우스(WH) 사를 주축으로 하는 주요 기업들은 첫째 원자력발전, 둘째 해군용 원자로, 셋째 핵폭탄 등의 분야에서 시장을 독점해 왔습니다. 원전 분야에서는 연간 40기 이상의 원자로가 발주되던 시기도 있었습니다. 그러나 1970년대 후반부터 신규발주가 급격히 감소하다가 1980년 이후로는 제로가 되어버립니다.

그 가장 큰 이유로는 1979년의 스리마일 섬 사고를 전후해서 대형 원자로 사고가 잇따라 발생한 점을 들 수 있습니다. 원래는 핵잠수함용으로 개발한 원자로(경수로)를 뭍으로 끌어올려

상업용으로 전환한 것이었기 때문에 안전성 문제가 부차적으로 밀려나 소홀히 다루어졌던 취약점이 고스란히 드러난 것이었습니다. 스리마일 섬 사고 이후, 미국 정부당국의 규제가 강화되었습니다. 이에 따라 추가적인 안전대책을 고려하기 시작하면서 생산비용이 상승했고, 그 결과 원전에서 만든 전기는 가격경쟁력을 잃게 됩니다.

현재 미국에는 총 104기의 원전이 가동되고 있는데, 그 가운데 상당수가 수명이 거의 다한 상황입니다. 이 추세대로라면 2020년대부터 원자로 폐쇄 시대에 접어들게 됩니다. 미국 에너지부는 어떻게든 이 사태를 막아내기 위해 2012년도 예산에 낡은 원자로의 수명을 최대 80년까지 늘리는 연명책(延命策) 항목을 책정해 두었습니다.

이렇게 원전이 사양산업이 되고 있는 가운데, WH사가 경영위기에 봉착하게 됩니다. 그런데 2006년 2월에 도시바가 이 회사를 전격 매입하여 세계를 깜짝 놀라게 했습니다. 또 2007년에는 히다치(日立)와 GE사가 원자력 부문에 합병회사를 설립하는 등, 미일융합이 한꺼번에 진행되었습니다.

도시바는 당시 보도발표에서 "2020년까지 전세계 원자력 수요는 약 1.5배 증가할 것"으로 예측하고 "앞으로 크게 성장할 것으로 예상되는 세계 원자력시장의 변화를 선도하기 위해 WH

사의 주식을 매입했다"고 말하고 있습니다. 그러나 원전수출의 기대를 담은 도시바의 이 계획은 후쿠시마 제1원전 사고로 붕괴되고 있습니다. 게다가 요르단에 원전수출을 추진하는 요르단 원자력협정은 2011년 정기국회에서 승인이 미루어져, 원전 메이커 관계자들을 낙담시켰습니다.

원자로 메이커의 한 임원은 이렇게 말합니다. "스마일 섬 사고 이후 일본은 상업용 원자로 관리 및 기술의 1인자가 되었다. 그러나 이번 사고로 세계적으로 원자력발전의 안전성에 대한 인식도 부정적이 되었다. 다른 나라로의 판로확장에도 분명 영향이 있을 것이다."

미국 에너지부의 2012년도 예산에는 고온가스 냉각로(high-temperature gas-cooled reactor) 같은 '차세대 원자로'를 비롯하여 트럭으로 운반이 가능한 '소형 원자로'의 연구개발비가 책정되었습니다. 또 도시바와 WH사는 이미 소형 원자로의 개발에 들어갔습니다. 기존 원자로의 수명연장과 새로운 원자로의 개발을 병행해서 어떻게든 원전이권을 지켜나가겠다는 미일 양국의 의도가 느껴지는 대목입니다.

핵연료 사이클:
'핵 쓰레기장' 일본

태평양 쪽으로 좁고 길게 이어져 있는 아오모리(青森) 현 시모키타(下北) 반도. 이 반도를 다른 지역과 연결하는 부분에 위치한 롯카쇼 무라(六ヶ所村)의 이름은 '롯카쇼 핵연료 사이클 시설'과 함께 널리 알려져 있습니다. 도쿄돔 160개가 들어설 수 있는 드넓은 부지의 수목들 사이로 삭막한 건물과 굴뚝이 언뜻언뜻 모습을 드러내곤 합니다.

저기 수풀 주변에 저(低)레벨 방사능 폐기물이 든 노란색 드럼통 23만 개가 묻혀 있습니다. 매립기간은 300년이고 총 3만 개까지 수용이 가능합니다. … [핵폐기물을 응고시킨] 유리고화체(固化体)는 50년 후까지 보관합니다. 현재는 1338개가 보관되어 있고, 총 2880개까지 저장이 가능하지요.

이 시설을 운영하고 있는 주식회사 일본원연(日本原燃)의 직원은 담담하게 설명합니다.

롯카쇼 무라에는 일본 전역의 원자력발전소에서 배출되는 사용 후 핵연료가 연간 약 800톤씩 들어옵니다. 정부와 전력업계는 이것을 롯카쇼 무라에서 재처리해서 다시 핵연료로 사용한 다는 계획을 세워놓고 있습니다.

재처리 과정에서는 사용 후 핵연료를 우라늄, 플루토늄, 폐기물로 분리합니다. 그런 다음 우라늄과 플루토늄의 혼합산화물(MOX)을 만들어서 이것을 다시 고속증식로에 사용하는 '핵연료 사이클'을 만든다는 구상입니다.

현행 미일원자력협정에서 미국은 '미일안보조약의 유지'를 조건으로 일본의 재처리를 용인하고 있으며, 이 협정에 근거해서 건설·추진된 것이 바로 고속증식로 몬주(もんじゅ, 후쿠이 福井 현 쓰루가 敦賀 시)와 롯카쇼 무라의 시설입니다. 협정이 비준된 이듬해 롯카쇼 무라 핵연료시설의 사업신청이 승인되었으며, 1991년에는 몬주 고속증식로가 시운전에 들어갔습니다.

그러나 몬주는 사고를 반복하다가 결국 가동이 정지되었고, 실용화 목표는 2050년입니다. 롯카쇼 무라에서도 핵폐기물을 유리고화체로 만드는 실험에서 실패가 이어지고 있습니다. 다음 실험은 2012년 10월로 예정되어 있었으나 "동일본 대지진을 계기로 안전심사 등도 있어서, 현시점에서 재개는 미정"입니다(일본원연 홍보부). 관계자는 "2013년 이후가 될 것"이라고 말하고 있습니다만, 장담하기는 어렵습니다. 그 결과, 롯카쇼 무라 핵연료 시설은 '핵연료 사이클'이 아니라 '핵 쓰레기장'으로서의 성격이 강해졌습니다. 1970년대부터 영국과 프랑스에 처리를 위탁해 왔던 방사성폐기물(유리고화체)의 반환이 1995년부터 시작되었지만, 재사용은커녕 그저 쌓이기만 할 뿐입니다. 게다가 이 유리고화체는 표면 방사선량이 매우 높아서, 가까이 가면 20초 만에 치사량에 이르는 위험한 물질입니다.

작업원들이 사용한 방호복 등 저레벨 폐기물은 롯카쇼 무라에서 최종 처분되는데 이것 역시 해마다 늘어나고 있습니다. 롯카쇼 무라에서 재처리가 불가능해지면 각 원전부지 내에 있는 '사용 후 핵연료의 풀'이 가득 차 가동이 정지되는 사태가 발생할 수도 있습니다. 도카이 무라에도 재처리시설이 있지만, 그 처리능력은 미미한 수준에 불과합니다. 이 때문에 재처리를 하기 전까지의 임시보관소(중간 저장시설)가 아오모리 현 무츠(むつ) 시를 시작으로 전국에 건설되려 하고 있는 것입니다.

막다른 골목에 들어선 두 나라

일찍이 소 방목장이었으나 이제는 황무지가 되어버린 대지(台地), 시모키타 반도 북쪽 연안 아오모리 현 무츠 시의 세키네하마(関根浜). "리사이클 연료 비축센터"라고 씌어 있는 게이트로 트럭들이 빈번하게 드나들고 있습니다. '리사이클 연료'란 전국의 원자력발전소에서 배출된 사용 후 핵연료를 말합니다. 이 센터는 사용 후 핵연료를 재처리하기 전까지 보관하는 '중간 저장시설'입니다. 2010년 9월에 저장건물 한 개 동의 공사가 착공되었습니다.

"중간저장이라고 말하지만 실제로는 '영구저장'이 될 가능성이 높다." 이 시설이 들어서는 데 반대하는 '시모키타의 원전·핵연료를 생각하는 모임' 대표 구시베 다카유키(櫛部孝行) 씨의 지적입니다.

이 시설을 운영하고 있는 리사이클 연료 저장회사의 설명에 따르면, 저장기간은 50년이라고 합니다. 주민설명회에서 "영구저장까지는 하지 않는다"고 거듭 강조하지만 "50년이 지나면 어디로 가져갈 것인가"라는 질문에 회사는 "옮겨갈 것이다"는 말만 할 뿐이었습니다.

애초부터 롯카쇼 무라 재처리공장은 계속 트러블이 일어나서 시운전도 완료하지 못한 상태입니다. 설령 임시가동을 한다해도 연간 발생하는 사용 후 연료의 80퍼센트밖에 처리할 수 없습니다. 그리하여 일찍부터 '제2 재처리공장'의 건설문제가 제기되었고, 2018년에 기한만료가 되는 미일원자력협정의 개정교섭에서 이 문제가 초점이 될 것이라고도 합니다. 그렇지만 만의 하나 '제2' 재처리시설이 조성되더라도 정상적으로 가동된다는 보장은 전혀 없습니다.

"결국 부지 내에서 2호동 저장건물로 이동하는 것뿐이지 않겠느냐는 이야기까지 나오고 있다"고 구시베 씨는 말합니다. 사용 후 핵연료의 처리문제로 골머리를 앓고 있는 것은 비단 일본만이 아닙니다. 미국의 경우, 2015년이 되면 상업용 원자로에서 나오는 사용 후 핵연료를 보관하는 원전 내의 모든 풀이 가득 차게 됩니다.

오바마 대통령은 네바다 주 유카 산(Yucca Mountain)에 고레벨 핵폐기물 처리장을 건설한다는 계획을 사실상 철회했습니다. 일본과 마찬가지로 '중간 저장시설'을 건설하는 계획도 제시되고 있습니다.

사실 미국은 1970년대에 '핵연료 사이클' 구상을 중지했다가, 부시 정권이 들어서면서 '핵연료 사이클'의 추진으로 방향선회를 했습니다. 오바마 정권도 추진방향을 이어나가고 있습니다만, 아직 실용화 단계까지는 이르지 못했습니다.

일본과 달리 국토가 광대한 미국조차 쌓여가는 핵 쓰레기 문제의 해답을 찾지 못하고 있는 터라, 일본에서 이미 막다른 골목에 봉착한 대처방식에까지 손을 대지 않을 수 없는 지경에 이른 것입니다.

지금이 탈원전(脫原電)의 적기이다

일본의 원자력정책이 줄곧 미국의 지배 아래 놓여 있는 것은 에너지 자급률의 심각한 저하와 밀접한 관련이 있습니다. 경제산업성에 따르면, 일본의 경우 국민생활이나 경제활동에 필요한 1차 에너지(석유, 석탄 등) 가운데 자국 내에서 확보할 수 있는 비율을 나타내는 에너지 자급률이 고작 4퍼센트에 불과합니다.

1960년에 주로 석탄이나 수력 같은 국내의 천연자원만으로 58%나 되었던 일본의 에너지 자급률은 그후 큰 폭으로 추락하여, 1980년에는 약 10분의 1인 6%까지 떨어지게 됩니다. 그 이유는 바로 대미 경제적 종속을 수반하는 미일안보조약 아래서, 석탄에서 석유로 에너지원의 전환이 강행됨과 동시에 원전의 도입이 진행되었기 때문입니다.

전후(戰後) 부흥기에 '경사생산방식'(傾斜生産方式, priority production system)[13]으로 생산증대를 도모했던 석탄은, 1950년대 후반부터 60년대까지 각지의 탄광이 잇따라 폐쇄되면서 미국 석유메이저가 지배하고 있는 석유에 에너지원의 자리를 넘겨주게 되었습니다. 그러다가 1970년대에 들어서면, 신규 원자력발전의 설립이 주민들의 거센 반발로 허용되지 않는 속에서도 두 차례의 오일쇼크를 겪으면서 석유 의존도를 낮춘다는 구실을 내세워 기존 발전설비에서 원자로 증설이 급물살을 타게 됩니다. 현재 일본은 석유·석탄뿐 아니라 액화천연가스(LNG)와 원자력 발전의 연료인 우라늄에 이르기까지 거의 전량 수입에 의존하고 있습니다.

한편 앞서 언급한 일본의 에너지 자급률 4퍼센트를 구성하고 있는 에너지원은 수력, 지열, 태양열, 바이오매스(biomass) 등입니다. 지금은 그 비율이 지극히 미미한 수준이지만, 에너지 자립 문제를 해결할 수 있는 열쇠는 바로 여기에 있습니다. 화석연료나 원자력에 대한 의존에서 벗어나서 재생 가능 에너지로의 전환을 도모한다면 자립적 에너지정책을 수립할 수 있기 때문입니다.

미국은 핵의 힘, 다시 말해 핵분열로 발생하는 거대 에너지로 제2차 세계대전 이후의 세계를 지배해 왔습니다. 1945년 8월에 히로시마와 나가사키에 원자폭탄을 투하, 압도적 군사력을 과시하는 한편, 세계 수십 개국에 농축우라늄을 제공해서 에너지분야의 지배 네트워크를 구축했습니다. 그러나 지금, 미국의 이 지배체제가 흔들리고 있습니다. 유럽에서는 독일을 필두로 해서 '원전철수'의 움직임이 나타나고 있습니다. 미국에서는 어떨까요. 오바마 정권은 한편으로는 원전추진을 내걸면서, 또 한편으로는 2011년 3월 30일에 발표한 신(新)에너지정책에서 "2035년까지 전력의 80퍼센트를 그린 에너지에서 확보한다"는 목표 아래 원자력과 함께 풍력, 태양열, 천연가스를 그 에너지원으로 열거하고 있습니다. 하지만 각 에너지원의 비율이 언급되지 않고 있을 뿐더러 앞으로의 추진상황도 불투명합니다. 또한 땅속의 퇴적암층에 함유되어 있는 '셰일가스'(shale gas)는 미국이 세계 제1의 매장량을 나타내는 것으로 판명되어, 원전을 대체할 수 있는 에너지원으로서 주목을 받고 있습니다.

"미국은 언제나 최종적으로는 일의 득실을 따져서 결정을 내려왔다. 따라서 원전에서 철수 또한 있을 수 있다." 원자력업계 관계자는 굳은 표정으로 걱정스럽게 말했습니다.

"쾅!" 3월 12일과 14일, 후쿠시마 제1원전에서 거대한 폭발음이 터져나왔습니다. 그리고 지체 없이 '죽음의 재'가 쏟아져 내려 모든 것을 오염시켰습니다. 폭발 당시 '옥내대피' 지역권으로 설정된 후쿠시마 현 미나미소마(南相馬) 시에 머물고 있었던 와카마츠 죠우타로(若松丈太郎) 시인은 말합니다. "히로시마, 나가사키, 후쿠시마…. 핵분열에 의한 거대 에너지와 인류는 정말로 공존할 수 있는 것일까."

바야흐로 일본은 미국의 핵 지배로부터 벗어날 때를 맞이하고 있습니다.

3

재계의
야망

앞의 2장에서는 일본 원전의 근원이 전후(戰後) 미일관계에서 비롯되고 있음을 살펴보았습니다. 이제부터는 일본의 '원전추진' 세력이 미국의 전략에 발맞추어서 어떤 '야망'을 품어왔는지에 대해 추적해 보도록 하겠습니다.

이권 최우선의 추진파

도쿄전력 후쿠시마 제1원자력발전소 사고를 계기로 원전으로부터 철수를 촉구하는 여론이 고조되고 있습니다. 그런데 원전추진으로 특권적 이익을 누리고 있는 원전 이익공동체는 정지중인 원전의 재가동을 돌파구로 해서 원전추진 체제의 재구축을 꾀하고 있습니다.

경단련의 요네쿠라 히로마사(米倉弘昌) 회장(스미토모화학 회장)은 2011년 7월 11일의 기자회견에서 "원자력발전의 정지에 따른 전력공급량 저하가 장기화될 경우, 기업의 생산활동과 설비투자에 악영향을 끼칠 것이 우려된다"는 발언을 하며 가동 중지되어 있는 원전을 빠른 시일 내에 재가동할 것을 촉구했습니다.

요네쿠라 회장은 경제산업성 대신의 자문기관인 산업구조심의회(産業構造審議会) 회장을 맡고 있는 인물이기도 한데, 이 발언에 앞서 6월 30일에 산업구조심의회의 산업경쟁력부회는 동일본 대지진 이후의 '신(新)성장전략'을 추진하기 위한 보고서(「중간보고서」)를 정리했습니다. 이미 이 시점에서 "원자력발전소의 운행지속 및 재가동은 안전성 면에서 문제가 없다"고 '안전선언'을 발표했던 것입니다.

하지만 그후 간 나오토 내각이 각 원전의 스트레스 테스트

(stress test, 내성시험) 실시를 발표하는 바람에 이 안전선언은 아무런 근거가 없다는 사실이 만천하에 드러나게 되었습니다.

심지어 이 보고서는 "원자력발전소의 재가동과 관련해서 이해와 협조를 얻는 것이 반드시 필요하다"고 밝히면서, 정부가 원전 입지지역 지자체의 설득공작에 나서달라는 주문까지 하고 있습니다. 가이에다 반리 경제산업성 대신이 사가 현을 방문해서, 정기검사를 위해 멈춰 있는 규슈전력 겐카이 원자력발전소의 재가동을 겐카이 초 지자체장 기시모토 히데오(岸本英雄) 씨와 사가 현의 지사 후루카와 야스시 씨에게 개별적으로 요청한 것도 바로 이와 같은 요구를 받아들였기 때문이었습니다.

원전추진파가 원전 재가동의 이유로 들었던 것이 다름아니라 원전의 정지에 따른 전력제약이 일본경제에 타격을 준다는 것이었습니다. 사실 '경제에 대한 타격'을 구실로 국민을 위협하는 것은 그들이 즐겨 쓰는 수법입니다. 그들은 늘 이런 식으로, 방사능 피해로부터 국민과 국토를 지키기보다 자신들의 이권을 최우선에 놓고 원전의 재가동을 촉구하고 있을 따름입니다.

산업구조심의회의 산업경쟁력부회에는 원전 메이커인 도시바의 니시다 아츠토시(西田厚聰) 회장, 신일본제철의 미무라 아키오(三村明夫) 회장, 파나소닉의 오츠보 후미오(大坪文雄) 사장, 도요타자동차의 와타나베 가츠아키(渡辺捷昭) 상담역 등과 같은 거대 제조업체 수뇌부들이 이름을 걸어놓고 있습니다.

특히 일본경제단체연합회(경단련)는 오늘날까지 원전 추진세력의 중심에 서 있습니다. 역대 경단련 임원명단에는 반드시 도쿄전력 임원진의 이름이 포함되어 있었다고 해도 과언이 아닙니다. 1990년 12월에는 도쿄전력의 히라이와 가이시(平岩外四) 회장이 경단련 회장으로 취임하기도 했습니다.

역시 도쿄전력 회장을 지낸 나스 쇼(那須翔) 씨가 경단련 평의원회 의장으로 취임해 있던 시기(1999년 5월~2002년 9월)에, 경단련은 "에너지정책의 중점과제에 대한 입장"을 발표했습니다(2001년 5월). 이 발표에서 원전을 청정에너지라고 평하면서 "원자력을 착실히 추진해 나가는 데 최대한 노력을 기울여야 한다"고 강조하기까지 했습니다.

이 당시 경단련 회장은 이마이 다카시(今井敬) 신일본제철 회장이었습니다. 이마이 회장은 2002년 5월 경단련 회장직에서 물러났는데, 그로부터 4년 후인 2006년 6월에 일본원자력산업협회 회장으로 취임했습니다. 이 협회 역시 원전추진을 목적으로 한 산업단체이므로, 그 행보를 살펴보면 원전추진의 주체인 '원전 이익공동체'의 윤곽이 드러납니다.

그들이 기대하는 '큰 수확'

정지상태인 원자력발전소의 재가동을 요구하고 있는 일본원자력산업협회는 1956년 3월에 발족했으며, 발족 당시의 명칭은 '일본원자력산업회의'였습니다. 단체의 설립을 호소한 사람은 초대원자력위원회 위원장이자 '원자력의 아버지' 등으로 불리는 쇼리키 마츠타로 씨입니다. 경찰관료 출신으로 요미우리신문사 사주 자리에 올라 미디어계에 군림하고 있던 인물로서, 1955년 2월에는 도야마(富山) 2구에 중의원 의원으로 출마해 당선되기도 했습니다. 도쿄전력이 편찬한 『간토(関東)의 전기사업과 도쿄전력: 전기사업의 창시부터 도쿄전력 50년의 궤적』(『도쿄전력 50년사』)은 일본원자력산업회의의 창설과정에 대해 이렇게 기록하고 있습니다.

> 쇼리키 원자력위원장의 요청에 따라 전력회사 및 중전기(重電機) 메이커가 중심이 되어 우리나라 기간산업의 거의 대부분을 망라하는 350개가 넘는 기업체가 참가한 가운데 1956년 3월 일본원자력산업회의가 발족했다.

또 『도쿄전력 50년사』는 일본원자력산업회의의 활동과 관련해서, 원자력이용에 관한 강연회와 심포지엄 개최 외에도 대규모 사절단의 해외파견, 미일원자력산업합동회의 개최, 국제원자력 기구 가입 등을 실행했다고 밝히고 있습니다.

원자력산업회의의 초대회장으로는 도쿄전력의 스가 레이 노스케(菅礼之助) 회장이 취임했습니다. 스가 회장은 원자력산업 회의의 의의를 다음과 같이 말하고 있습니다.

> … 첫째로, 원자력의 이용은 모든 분야에 걸친 산업기술의 종합체 위 에서 비로소 가능합니다. 또 그 성과는 모든 산업기술에 근본적인 영 향을 끼치므로 각 산업부문, 각 기업 간의 연락 및 협력과 종합적인 연 구의 추진이 활발하게 이루어질 때 비로소 큰 수확을 기대할 수 있을 것입니다. 따라서 산업계가 서로 긴밀하게 수평적 결합을 해서 연구의 종합성을 확보하는 데 노력을 기울여야 한다고 생각합니다. (『원자력산 업신문』 1956년 3월 25일자)

당시 도쿄전력 회장은 전후(戰後)의 재계와 산업계를 향해, 원자 력은 커다란 수확을 거두게 해줄 존재라고 그 위치를 설정해 주 었던 것입니다. 이 원자력산업회의의 모델이 되었던 단체가 미국 의 AIF(Atomic Industrial Forum)입니다. 원자력공업의 연구 및 관 련기업들 간의 연락을 목적으로 1953년 4월에 발족한 이 조직은 현재 원자력에너지연구소(NEI)라는 이름을 붙이고 있습니다.

1956년 3월 8일에 열린 국회에서 쇼리키 씨는 원자력산업회의에 대해 "외국보다 그 규모가 좀더 크다"고 답변하고 있습니다. 또 원자력산업회의의 목표와 관련해서는 "우리 역시 민간의 목소리에 귀를 기울이고자 합니다. 재계의 목소리를 듣는 것은 당연한 일입니다"라고 솔직하게 말합니다. 이때 질문자석에는, 나중에 총리자리에까지 오르는 젊은 시절의 나카소네 야스히로 의원이 앉아 있었습니다.

나카소네 씨는 "어쨌든 일본의 경우, 외국의 정보를 탐색하고 외국의 연구 진행상황을 살펴보는 것이 현단계 원자력정책에서 70% 정도의 중요성을 가질 것으로 저는 보고 있습니다. 이런 점에서, 원자력산업회의가 만들어지고 민간단체로서 그와 같은 역할도 수행한다는 것은 매우 바람직한 일이라고 생각합니다"라며 원자력산업회의에 대해 덮어놓고 후한 평가를 내렸습니다.

"독으로 독을 다스린다"

그럼 1956년 3월 1일에 발족한 원자력산업회의의 사업은 어떤 것이었을까요. 원자력산업회의의 정관에는 사업의 구체적인 내용으로 여덟 가지 항목이 열거되어 있습니다. 그 내용을 보면 원자력의 개발 및 이용에 관한 조사연구 외에도 "원자력의 개발 및 이용에 관해 정부에 건의 및 의견발표" 등이 명시되어 있었습니다. 원자력산업회의는 처음부터 정부에 적극적으로 원자력정책의 추진을 요구하기 위한 조직으로 발족되었던 것입니다.

이 정관을 만드는 데 참가한 사람은 경단련의 호리코시 데이죠(堀越貞三) 사무국장, 전기사업연합회의 마츠네 소이치(松根宗一) 상무이사, 일본상공회의소의 오카마츠 세이타로(岡松成太郎) 전무이사 그리고 일본원자력평화이용조사회의 하시모토 세이노스케(橋本清之助) 이사 등입니다. 하시모토 씨는 그후 원자력산업회의의 상임이사가 됩니다. 이처럼 원자력산업회의의 정관은 재계 대표자들이 직접 원안을 제시하고 작성했던 것입니다.

원자력산업회의는 같은 해 3월 27일에 제1회 이사회를 개최해서, 여기서 이사 26명을 더 늘려 발족 당시의 이사진까지 포함해 총 46명의 이사가 탄생합니다. 앞에서도 말한 것처럼 원자력산업협회 회장으로는 당시 도쿄전력의 회장 스가 레이노스케

씨가 취임했는데 그는 전기사업연합회의 회장도 겸임하고 있었습니다. 부회장에는 경단련 부회장이던 우에무라 고고로(植村甲午郎) 씨와 오사카상공회의소 회장 스기 미치스케(杉道助) 씨의 이름이 나란히 올랐습니다.

그리고 이사진은 일본상공회의소, 경제동우회 등에 소속되어 있는 재계 대표인사들을 비롯해서 도쿄전력, 중부전력, 간사이전력 등 전기업계를 대표하는 인사들로 채워졌습니다. 또 석유연맹, 일본철강연맹, 일본조선공업회 등 재계·산업계의 요인들도 줄줄이 이름을 걸어놓고 있었음은 물론, 고문이나 각종 위원회의 위원으로는 도쿄대학의 교수들 그리고 『아사히신문』『니혼게이자이신문』의 논설위원, 『마이니치신문』의 사회부 부부장 등 매스미디어 관계자들도 참여했습니다. 이렇듯 원자력산업회의의 발족에 즈음해서 재계·산업계 거물들이 이름을 걸어놓은 것을 두고 "전력·산업계 대표가 기라성처럼 포진해 있다"고 평했던 사람이 바로 시바타 히데토시 씨입니다. 당시 시바타 씨는 『요미우리신문』 기자로서, NHK 해설자 및 니혼TV 전무 등의 직함도 가지고 있었습니다. 또 쇼리키 마츠타로 씨의 오른팔로 활약했던 그는 미국 CIA와 연결되어 있다고 지목된 인물이기도 합니다.

당시 일본에서는 히로시마와 나가사키에 원자폭탄이 투하된 데 이어 1954년에 일어난 제5후쿠류마루 사건으로 반핵여론이 들끓고 있었습니다. 바로 이 시기 시바타 씨는 일본에 원자력 도입이라는 어두운 그림자를 드리우는 데 주역으로 활동한 사람입니다. 앞의 2장에서도 잠시 언급했듯이, 그는 자신의 회상록(『전후戰後 매스컴 회유기回遊記』, 중앙공론사)에서 다음과 같이 기록하고 있습니다.

> 예부터 일본에는 "독은 독으로 다스린다"는 속담이 있다. 원자력은 양날의 칼이다. 원자폭탄 반대를 무너뜨리기 위해서는, 원자력의 평화적 이용을 대대적으로 선전하고 그에 따라 위대한 산업혁명이라는 내일의 희망을 보여주는 수밖에 없다.

시바타 씨는 니혼TV 전무로서 원자력산업회의 고문에 취임했습니다. 그후 원자력의 평화적 이용을 명분으로 내세운 원전추진 캠페인이 일본 전역에서 잇따라 전개되었습니다. 여기서 놀라운 사실은, 원자력산업회의의 발족을 제안한 사람은 쇼리키 씨였는데, 이 쇼리키 씨에게 원자력산업회의의 창설을 권유한 것은 바로 시바타 씨였다는 것입니다.

"강력한 민간조직의 원자력산업회의를 조속히 결성, 발족시킬 필요가 있다고 쇼리키에게 진언했다." 시바타 씨는 회상록에 이렇게 적어놓았습니다.

국가 주도의 산업육성

원자폭탄이 떨어졌던 일본에서까지 원자력의 평화적 이용이라는 것이
얼마나 우리를 열광시켰는지 새삼 떠오른다.

1999년 6월 2일, 전후(戰後) 제9회 원자력장기계획(원자력의 연구,
개발 및 이용에 관한 장기계획) 수립회의의 제1차 회합에서 좌장을 맡
았던 도쿄전력의 나스 쇼 회장(당시)은 이렇게 술회했습니다. 원
자력 추진을 위한 국가계획인 원자력장기계획은 1956년부터 대
략 5년 간격으로 수립되었으며, 2000년 제9회로 그 역할을 마치
고 원자력정책대강(原子力政策大綱)으로 이어졌습니다.

제1회 원자력장기계획(1956년 9월 6일)에서는 '개발목표'에서
"우리나라의 에너지 수급문제를 해결하는 것뿐만 아니라, 산업
의 급속한 진전을 가능"하게 한다고 강조했습니다. 그리고 "기초
연구에 힘을 기울이는 동시에 관련기술을 육성하여 원자력공업
의 기반 확립에 노력한다"면서 원자력산업 육성을 범국가적 차
원에서 대처해 나갈 것을 선언합니다. 이로써 원전 이익공동체는
국가의 비호 아래 거대화되고 있었던 것입니다.

1967년 4월에 수립된 제3회 원자력장기계획에서는 "군수(軍
需) 등을 배경으로 방대한 연구개발을 실시하고 원자력발전소의

건설 등에서 많은 경험을 가지고 있는 미국과 유럽의 원자력산업과 비교하면, 우리나라의 원자력산업은 아직도 그 산업기반이 약체(弱体)를 면치 못하고 있다"고 지적하면서, 군산복합체를 통해 원전을 추진하고 있는 유럽과 미국을 부러워하기까지 합니다. 한편 안전대책에 대해서는 다음과 같이 말하고 있습니다.

> 대량의 방사성물질을 취급하는 원자력시설은 엄중한 법적 규제를 받고 있으며 그 주변환경의 안전 확보에도 만전을 기하고 있기 때문에, 만의 하나 시설에 사고가 발생하더라도 인근 주민들이 재해를 입게 되는 일은 거의 생각도 할 수 없다.

하지만 그로부터 44년 후 "거의 생각도 할 수 없다"던 그 일이 도쿄전력 후쿠시마 제1원자력발전소에서 실제로 일어나고 말았습니다. 안전을 무시한 '돈벌이 제일주의'가 낳은 그 피해는 너무나도 막대한 것이었습니다.

한편 1961년에 도쿄전력 사장에 취임한 기카와다 가즈타카(木川田一隆) 씨는 1970년에 집필한 『나의 이력서』(니혼게이자이신문사)에서 "최근 세계의 에너지혁명은 화력시대에서 원자력시대로 이행하고 있다"고 언급하면서 도쿄전력도 "장래에 지장이 없도록 전력·유통 부문의 확충에 획기적인 계획을 추진하고 있다"고 강조하고 있습니다.

그러나 현실에서는 간사이전력이 웨스팅하우스 사의 원자로를 구입하면 도쿄전력은 제너럴 일렉트릭 사의 원자로를 구입하는 식으로, 두 전기회사는 무의미한 경쟁만 벌였을 뿐입니다.

위신(威信)에 따라 움직인 이 두 회사의 성급한 발주는 일본의 전력업계를 헤어나올 수 없는 원자력개발비용의 늪 속으로 몰아넣었다.

해외의 저널리스트와 법률가들이 집필한 『핵의 영광과 좌절』(시사통신사, 1982년)은 이렇게 증언하고 있습니다.

지역독점체제 구축

2011년 6월 28일에 열린 도쿄전력의 주주총회는 후쿠시마 제1
원자력발전소 사고발생 후 처음 열린 총회로, 안팎으로 이목을
끌어모았습니다. 총회에서는 원전으로부터 철수를 호소하는 주
주제안이 의제로 등장했으며, 사고를 당하고 주주들 사이에서는
원전의 안전성에 의구심을 표하는 의견이나 경영진의 책임을 묻
는 목소리가 잇따라 터져나왔습니다. 또한 도쿄전력의 원전피해
에 대한 배상 문제도 논의되었습니다.

도쿄전력의 경영수뇌부는 거액의 배상금의 경우 정부지원
에 의지하고 있습니다. 여기서 주목할 것은 도쿄전력이 이처럼
정부로부터 지원을 받는다는 전제로 자신들의 배상책임을 인정
하는 식의 태도를 취하고 있다는 점입니다. 정작 자신들의 배상
책임과 관련해서는, 이번 동일본 대지진은 '천재지변'이기 때문에
배상책임이 면제되는 법률조항을 적용해야 한다고 거듭거듭 주
장하고 있기 때문입니다. 도쿄전력 경영진의 이 같은 이율배반적
태도에 대해, 어떤 주주는 엄중하게 지적하며 따져 물었습니다.

자신들의 편의에 따라 정부의 지원을 받아 챙기면서, 막상 자신들이
배상을 해주어야 할 때는 "우리에게 책임이 없다"며 발뺌을 하다니, 세

상에 그런 법이 어디 있나.

도쿄전력 경영진의 이런 의식의 밑바닥에는 "돈벌이를 할 때는
철저히 민간대기업이었다가, 손실이 날 것 같으면 그 책임을 국
민들에게 떠넘기는" 편의주의가 깔려 있습니다. 이 편의주의를
뒷받침해 주는 것이 바로 전력회사의 '지역독점체제'입니다. 전
후(戰後)에 '지역독점'의 '이윤추구형 민간기업'을 고안한 사람이
바로 도쿄전력의 기카와다 가즈타카 씨였습니다. 젊은 시절부터
"전기사업의 기업형태에 대해 흥미를 가지고 공부했다"는 기카
와다 씨는 앞의 『나의 이력서』에서 다음과 같이 말합니다.

> 과당경쟁과 국가통제의 폐해를 몸으로 경험했던 나의 결론은, 인간의
> 창의성이 발휘되기 위해서는 민간이 소유하고 경영하는 경쟁적인 자
> 유기업 형태가 되어야 한다는 것이었다.
> …전력부문과 배전부분이 분할되어 있는 현재의 상태는 책임경영 차
> 원에서 바람직하지 않기 때문에 이것을 종적으로 일관된 경영으로 개
> 선해야 하며, 그리고 전국에 전력회사가 한 개뿐인 상황에서는 수요자
> 를 세심히 배려한 서비스가 제공될 수 없으므로 지역에 따라 적당히
> 분할을 해야 할 필요가 있다.

이리하여 기카와다 씨는 전력회사를 발전·송전 일체의 지역독점 기업체로 만드는 안을 내어놓았고, 이 안을 바탕으로 연합군 최고사령부(GHQ)와 교섭을 거듭하게 됩니다. 그 결과 1950년 11월, 포츠담 정령(점령군사령관이 정한 법률)에 따라 '전기사업재편성령'(電気事業再編成令)과 '공익사업령'(公益事業令)이 발포되어 오늘날의 전력회사 체제가 확립되기에 이릅니다.

전력회사의 '지역독점체제'는 각 지방에서 그들의 정치적·경제적 영향력을 극대화시켜 주는 역할을 하고 있습니다. 그 예로 홋카이도경제연합회, 도호쿠경제연합회, 중부경제연합회, 호쿠리쿠경제연합회, 주고쿠경제연합회, 시고쿠경제연합회, 규슈경제연합회의 회장은 모두 그 지역 전력회사의 회장 또는 사장이 맡고 있습니다. 전력업계 사정에 밝은 프리랜서 저널리스트 시무라 가이치로(志村嘉一郎) 씨는 다음과 같이 지적합니다.

전국의 전력회사들은 그 지역 경제계에 큰 힘을 발휘할 뿐 아니라 각 현의 지사나 의회에도 막강한 영향력을 행사하고 있습니다. 특히 선거철에는 헌금이나 표만이 아니라 관련회사 사람들의 응원 또한 제공하는 등 지방정계에서 영향력이 두드러집니다.

『아사히신문』에서 시작된 '미디어 대책'

전력업계는 언제나 미디어 대책에도 여념이 없습니다. 도쿄전력과 간사이전력, 중부전력 등 10개 전력회사로 구성된 전기사업연합회(전사련)에서 1971년부터 1982년까지 홍보부장을 지낸 스즈키 다츠루(鈴木建) 씨는 회고록 『전력산업의 새로운 도전』에서 전력회사의 미디어대책을 적나라하게 밝히고 있습니다.

　　전사련의 원자력 홍보가 홍보부로 일원화된 것이 1974년 4월인데, 스즈키 씨는 당시의 상황을 이렇게 기록하고 있습니다.

　　　　나는 9개 전력회사[오키나와전력 제외]의 사장단회의에서 "원자력의
　　　　홍보에는 돈이 듭니다. 하지만 그것을 단순히 PR비가 아니라 건설비의
　　　　일부라고 생각해 주시기를 바랍니다"라고 당부했다.

그리고 히로시마에 원자폭탄이 투하된 지 29년째 되던 1974년 8월 6일에, "방사능은 환경에 어떤 영향을 끼칠까"라는 제목이 붙은 10단광고가 『아사히신문』에 실렸습니다.

　　1974년 당시 『아사히신문』 내부에서는 오일쇼크의 여파로 광고가 줄었기 때문에 의견광고를 많이 게재해야 한다는 논의가 있었습니다. 그러던 중에 원전추진의 의견광고도 수주한다는 결

론이 내려졌다고 합니다. 이때 『아사히신문』에 실리는 광고를 맡아 관리했던 사람이 바로 스즈키 씨입니다. 그는 "『아사히신문』의 독자는 주로 인텔리층이기 때문에, 다소 딱딱하기는 하겠지만 제3자를 통해 PR을 한다는 차원에서 학자나 전문 연구소의 연구원들을 동원했다"고 회고합니다.

　『아사히신문』에 실린 10단 광고는 그후 2년에 걸쳐 매월 빠짐없이 게재되었으며 1976년 이후에도 몇 달에 한 번 정도는 게재되었습니다.

그림7. 『아사히신문』에 실린 원자력 추진 광고

그런데 이 광고가 뜻밖의 효과를 거두었습니다. 맨 처음 반응을 보인 것은 『요미우리신문』이었습니다. 『요미우리신문』의 광고담당자는 "원자력은 우리 회사의 쇼리키 마츠타로(초대 원자력위원장) 사장님이 도입한 것인데, 그 PR광고를 경쟁지인 아사히에서 하도록 놔두다니, 우리 체면이 서질 않는다"며 전사련 홍보실에 직접 연락해서, 광고를 받아 게재했습니다.

그렇게 『아사히신문』과 『요미우리신문』에 정기적으로 원자력발전의 PR광고가 실리자, 이번에는 『마이니치신문』에서 요청이 들어왔습니다. 그러나 『마이니치신문』은 당시 원전에 반대하는 캠페인 기사라든가 "정치를 생활 속으로" 등과 같은 연재기사를 게재하고 있던 참이었습니다.

이에 스즈키 씨는 "귀사의 에너지문제 대응방침이 어떻게 되어 있지요? 반대가 세상을 위한 것이라 생각한다면 투철하게 반대로 일관하면 될 것 아니겠습니까. 광고 같은 자잘한 일 따위 아무래도 상관없지 않은가요?" "소비자운동을 부추겨 기업을 압박하는 식으로 지면구성을 한다면 앞으로 광고수주는 점점 더 줄어들 겁니다" 운운하며 『마이니치신문』 홍보부를 몰아붙였습니다.

스즈키 씨의 술회에 따르면, 결국 『마이니치신문』은 편집간부들도 포함해서 원자력발전 관련기사를 신중하게 다루겠다는 약속을 했으며, 당연히 "정치를 생활 속으로" 연재기사도 지면에서 사라졌습니다. 스즈키 씨는 "매년 '원자력의 날'에 정부의 원자력 홍보가 전국의 지방신문에 실릴 수 있게 된 것도, 결국 『아사히신문』의 PR광고가 길을 열어준 것이다"라고도 말합니다.

미디어업계 쪽에서 보면, 전력회사는 스폰서로서 명실상부한 '초우량기업'입니다. 어느 잡지사의 전(前) 편집장은 이렇게 말합니다. "도쿄전력의 광고를 수주하면, 다음에는 전사련이 따라오고, 덩달아 다른 전력회사들도 편승하게 된다."

스폰서와는 전혀 무관해 보이는 NHK에도 전기회사의 영향력은 미치고 있습니다. 예를 들어 NHK경영위원인 가츠마타 에이코(勝又英子) 씨는 중부전력의 사외이사입니다. 또 도호쿠지방방송프로심의회(東北地方放送番組審議会)에는 사다케 쓰토무(佐竹勤) 도호쿠전력 상무가, 시고쿠지방방송프로심의회에는 나카무라 아무(中村有無) 시고쿠전력 상무가 들어가 있습니다.

그리고 1977년 6월에 NHK가 '장기적 전망에 기초한 경영자세'를 전문적으로 조사·검토하기 위해 회장 자문기관으로 설치한 'NHK경영문제위원회'에는 히라이와 가이시 당시 도쿄전력 사장이 멤버 11명 중 한 사람으로 참여했습니다. 뿐만 아니라 히라이와 씨는 공공방송 사업체로서의 경영자세를 검토하기 위해 1979년 5월에 설치된 'NHK기본문제조사회'(제2차)에도 위원으로 당당히 참가했습니다.

　　진실을 추구해야 할 미디어가 이와 같이 '안전신화'를 남발
하며 국민을 기만해 온 역사는 결코 지워지지 않을 것입니다.

4

추적!
원전 공동체

앞장에서는 도쿄전력을 필두로 한 재계가 원전의 도입 및 추진을 둘러싸고 어떤 '야망'을 품어왔는지 살펴보았습니다. 이제부터는 원자력발전으로 이익을 거둬들이는 전력업계와 관련 대기업이, 원전추진파 정치가와 관료, 전문가 및 일부 미디어와 유착되어 형성하고 있는 '원전 이익공동체'의 실태를 파헤쳐보도록 하겠습니다.

여기서는 먼저 '안전신화'는 어떻게 만들어졌는지, 그 역사를 추적해 보도록 하겠습니다.

미디어를 이용한 '안전선언'

도쿄전력은 2011년 6월 28일 개최된 주주총회의 사업보고에서 "투자비용 삭감을 철저히 함과 동시에 보유자산의 매각 및 사업 정리 그리고 조직과 그룹체제의 슬림(slim)화를 조속히 검토·실시하겠다"고 발표했습니다. 이 배후에는 사실상 손도 댈 수 없었던 예산이 있습니다. 바로 연간 200억 엔이 넘는 보급개발관계비(普及開発関係費)입니다.

"광고선전비는 2010년도 실적 기준으로 약 116억 엔." 도쿄전력의 니시자와 토시오(西沢俊夫) 사장은 주주총회에서 이렇게 답변했습니다. 그러나 도쿄전력의 재무상황을 보여주는 유가증권보고서에는 '광고선전비'라는 항목 자체가 아예 존재하지 않습니다. 도쿄전력의 광고선전비는 바로 '보급개발관계비'에 포함되어 있기 때문입니다. 도쿄전력에 따르면, 보급개발관계비란 전력사업의 PR을 위한 비용으로, 광고선전비를 비롯하여 각지의 전력관(電力館)[14] 운영이나 각종 캠페인 등에도 쓰이는 예산을 말합니다.

그런데 일본 최초의 상업용 원자력발전소는 1966년 7월 이바라키 현 도카이 무라에서 영업운전을 시작한 도카이 발전소(일본원자력발전주식회사)였습니다. 그후 후쿠이 현 쓰루가 1호기

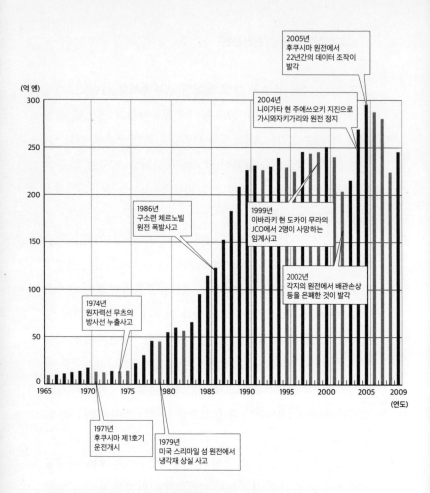

(억 엔)

2005년
후쿠시마 원전에서
22년간의 데이터 조작이
발각

2004년
니이가타 현 주에쓰오키 지진으로
가시와자키가리와 원전 정지

1986년
구소련 체르노빌
원전 폭발사고

1999년
이바라키 현 도카이 무라의
JCO에서 2명이 사망하는
임계사고

2002년
각지의 원전에서 배관손상
등을 은폐한 것이 발각

1974년
원자력선 무츠의
방사선 누출사고

1971년
후쿠시마 제1호기
운전개시

1979년
미국 스리마일 섬 원전에서
냉각재 상실 사고

(연도)

그림8. 도쿄전력의 광고비 추이와 원자력발전소를 둘러싼 주요 사건
(도쿄전력 광고비는 '보급개발관계비'를 말함. 자료: 유가증권보고서 참조)

4. 추적! 원전 이익공동체

(1970년, 일본원자력발전주식회사), 후쿠이 현 미하마 1호기(1970년, 간사이전력) 등 상업용 원자력발전소가 잇따라 영업운전을 개시했습니다. 도쿄전력도 1971년에 후쿠시마 제1원자력발전소 1호기의 영업운전을 시작합니다. 바로 이 지점에서, 이 원자력의 상업적 이용이 시작되기 1년 전인 1965년부터 도쿄전력의 '보급개발관계비'의 추이를 유가증권보고서에서 조사해 보았습니다. 그랬더니 1965년 7억 5천만 엔에서 2009년 243억 엔으로, 보급개발관계비가 45년 동안 30배 이상 급팽창했습니다(그림8 참조).

물론 도쿄전력의 보급개발관계비가 일직선을 그리며 늘어났던 것은 아닙니다. 급증한 시기가 따로 있습니다. 바로 1970년대 후반, 1980년대 후반 그리고 2000년대 전반기 등입니다.

도쿄전력이 편찬한 『간토(関東)의 전기사업과 도쿄전력: 전기사업의 창시부터 도쿄전력 50년의 궤적』(『도쿄전력 50년사』)에는, 1970년 1월부터 부지매입에 착수했던 가시와자키가리와 원자력발전소의 건설이 "격렬한 반대운동에 부딪혔다"고 기록되어 있습니다. 1974년 9월에는 원자력선 무츠(むつ)가 출력상승 실험 중 방사능 누출이 일어나 이른바 '무츠 사건'의 발단이 되었으며, 1979년에는 미국의 스리마일 섬에서 원자로의 냉각제가 상실되어 노심이 녹아버리는, 당시로서는 최대 규모의 원전사고(스리마일 섬 사고)가 일어나 일본사회에 반핵여론의 불을 지폈기 때문입니

다. 1980년대 후반에 일어난 최대의 원전사고는 구소련의 체르노빌 원전사고(1986년)였습니다. 1980년대 후반부터 1990년대까지의 시기를, 『도쿄전력 50년사』는 "원자력개발에서 '역풍'이라고도 할 수 있는 사태가 이 시기에 몇 차례 일어났다"고 쓰고 있습니다.

2000년대에는 도쿄전력을 중심으로 원전사고의 은폐와 데이터 조작 등이 발각되는 사건이 있었으며, 2004년에는 니이가타 현 주에쓰오키 지진으로 가시와자키가리와 원전이 멈춰버리는 사고가 일어났습니다. 이렇듯 원전의 안전성에 대한 불신감이 확산되고 반대운동이 고조됨에 따라 '보급개발관계비'는 팽창했던 것입니다.

그 시작은 50여 년 전부터

미디어가 원자력이 '안전'하다고 선전해 온 것은 50년도 더 넘어서부터였습니다. 원자력의 평화적 이용이 국제정치에서 초점으로 부각되기 시작한 것은 1953년 12월 8일 아이젠하워 미국대통령이 UN총회에서 한 "평화를 위한 원자력"(Atom for Peace)이라는 연설이 계기가 되었습니다. 여기에 즉각적으로 반응한 것이 『요미우리신문』입니다. 앞서 언급했던 것처럼, 당시 『요미우리신문』에는 원전의 도입에 온힘을 기울여 후에 '원자력의 아버지'라고 불리게 되는 쇼리키 마츠타로 씨가 사주로 있었습니다. 아이젠하워의 UN총회 연설이 있고 그 이듬해인 1954년 1월 1일부터 『요미우리신문』에는 "마침내 태양을 잡았다"라는 표제의 대형 연재기사가 게재되기 시작합니다.

"나는 우라늄이다"라는 당돌한 서두로 시작되는 이 기사는 그후 한 달 동안 하루도 거르지 않고 원자력의 구조와 위력 그리고 원전의 도입 등에 대한 내용을 다루었습니다. 첫회에서는 원자력에 대해 이렇게 기술하고 있습니다.

나의 이 불가사의한 힘을, 사람들은 의혹 어린 시선으로 보고 있다. 아니, 그보다 두려워하고 있는 것이다. …원자폭탄 그리고 위험하기 짝이 없는 방사능—그러나 이것은 누가 뭐래도 부당한 오해이다….

불과 8년 5개월 전 히로시마와 나가사키를 덮쳤던 참화를 까맣게 잊은 듯 "부당한 오해" 운운하며 원전도입을 소리 높여 주장하는, 이런 얼토당토않은 논리의 밑바닥에 바로 '안전신화'가 자리 잡고 있었던 것입니다.

1954년 3월 1일 태평양의 비키니 환초를 항해하던 일본어선 제5후쿠류마루가 미국의 핵실험으로 발생한 '죽음의 재'를 뒤집어쓰는 사고가 일어났고, 이 사건은 반핵·평화 운동이 확산되는 계기가 되었습니다. 이 반핵·평화 운동을 '안전신화'와 결부시키지 않으려고 대규모 캠페인을 펼친 것도 미디어였습니다. 요미우리신문사는 종전기념일이 사이에 낀 8월 12~22일, 신주쿠 이세탄(伊勢丹) 백화점에서 "누구라도 알 수 있는 원자력전(原子力展)"을 주최하여, 원폭과 원전은 다르다고 선전했습니다. 이 이벤트에서는 어처구니없게도 제5후쿠류마루의 키와 비키니 핵실험으로 흩뿌려진 재까지 전시되었습니다.

『니혼게이자이신문』은 1954년 5월부터 "스타트(start)하는 원자력공업"이라는 제목의 연재를 시작하는데, 원자력에너지의 산업적 이용이 구체화된 것을 기뻐하며 "산업계는 원자력이용의 보이지 않는 손인 만큼, 의욕적으로 이에 대응하고 있다"고 소개했습니다.

한편 『아사히신문』은 1954년 3월 원자로예산안이 국회에 제출되었을 때까지만 해도 사설을 통해 "원자로예산을 삭제하라"며 반대론을 전개했습니다. 그러나 예산이 편성되고, 원전도입이 구체화되기 시작하자 손바닥 뒤집듯이 지면에서 전세계 연구상황 등을 소개했으며, 1954년 10월에는 "세계 원자력개발의 대세"라는 기사를 실어 "일본의 본보기는 프랑스와 북유럽"이라고 단언할 정도였습니다.

정부와 미국도 한통속

"신문은 세계평화의 원자력" — 1955년 10월 신문주간의 표어입니다. 이 표어와 관련해『마이니치신문』전문 편집위원인 다마키 겐지(玉木研二) 씨는 "당시, 원자력은 '평화적 이용'에 의해 무한의 에너지를 제공하는 존재라는 의미를 가지고 있었으며, 미래의 산업발전은 이 원자력이 뒷받침되어 줄 것이라고 생각했다"(『마이니치신문』2011년 4월 12일자)고 말하고 있습니다. 이는 사실 사람들이 원자력의 본질을 알게 되었다기보다 미디어의 대대적인 캠페인이 효력을 발휘한 것에 다름 아니었습니다. 이와 같은 흐름을 가속화시킨 것이 '원자력 평화이용 박람회'의 개최였습니다.

요미우리신문사와 미국대사관의 공동주최로 '원자력 평화이용 박람회'가 1955년 11월부터 12월까지 도쿄 히비야(日比谷) 공원에서 열렸습니다. 이 박람회에서는 원자로 모형이나 원전의 연료를 다루는 기계장치인 매직핸드 등을 전시함으로써 '원자력에 의한 장밋빛 미래'가 연출되었습니다. 니혼TV 사사(社史)『대중과 대불어 25년』에 보면 히비야 공원에서 개최된 이후에도 '원자력 평화이용 박람회'는 3년 동안 전국 약 20개 지역을 돌며 계속되었다고 기록되어 있습니다.

지방에서 박람회 주최자는 요미우리신문사가 아니라 미국

대사관과 각지의 지방신문사들이었는데, 아이치(愛知) 현의 경우 중부일본신문사, 미야기(宮城) 현에서는 가호쿠(河北)신보사 등이 참여했습니다.

교토(1956년 2월), 오사카(같은 해 3월)에서 '원자력 평화이용 박람회'를 주최한 것은 『아사히신문』의 오사카 본사였습니다. 당시 동일본 지역을 거점으로 하고 있었던 요미우리신문사는 1952년부터 오사카에도 진출하여 아사히신문사와 판매경쟁을 벌이던 라이벌 관계였습니다. 그럼에도 불구하고 요미우리신문사가 주최를 아사히신문사에 양보한 경위를 1955년 10월 31일자 『요미우리신문』 사설은 "원자력개발사업의 사회적 의미를 생각할 때, 이것을 한 회사가 독점하는 일이 있어서는 안 되기 때문"이라고 설명했습니다.

그러나 이가와 미츠오(井川充雄) 릿쿄(立教)대학 사회학부 교수(미디어사회학)는 「원자력 평화이용 박람회와 신문사」라는 논문에서, 이는 신문사들의 자발적 결정이었다기보다 박람회의 공동주최자였던 미국의 의향이 작용한 것이라고 지적합니다. 이와 관련해서 미국 홍보청의 도쿄 담당자는 교토에서의 박람회 개최에 대해 "지역담당 홍보관이 교토 행사장의 공동주최자로 『아사히신문』을 선택한 것은, 『아사히신문』이 일본 최대의 신문사일 뿐만 아니라, 가장 영향력 있는 신문사이기 때문이다"고 보고서에 기록하고 있습니다. 이 행사 이후, 정부와 산업계 그리고 미디어는 본격적으로 한통속이 되어 원자력개발을 추진하게 됩니다. 1968년판 『원자력백서』는 "조사단의 파견 및 유학생의 수용"이라는 제목의 장(章)에서 '과학보도기자 구미시찰단'을 소개하고 있습니다.

쇼와 43년 10월부터 약 1개월 반 동안, 구미의 원자력개발 상황을 시찰하기 위해 미국, 영국, 프랑스, 독일, 스위스, 오스트리아 그리고 노르웨이로 일본원자력산업회의와 신문협회에서 여섯 명이 파견되었다.

시찰단의 보고회는 1968년 12월 29일에 열렸습니다. 시찰단의 대표간사를 맡았던 후쿠다 데루아키(福田照明, 당시 NHK 사회부 부부장) 씨는 각국의 원자력개발 상황을 둘러보고 온 감상에 대해 "우리나라의 원자력개발을 급속히 추진해 나가기 위해서는, 국민들이 진정한 안전성을 이해하고 납득할 수 있도록 해야 한다. … 원자력에 대한 국민들의 의식을 개혁하는 데 노력해야 한다"고 말했습니다.

한마디로 '안전신화'를 퍼뜨리고, '원폭 알레르기'를 가진 일본국민들의 의식을 변화시키려 한 '원전 이익공동체'의 결의표명이라고 하지 않을 수 없습니다.

원자력발전을 추진하기 위해 학교교육이나 보도기관에 정보제 공을 하고 있는 일본원자력문화진흥재단이 정리해 놓은 '여론대 책 매뉴얼'이라는 것이 있습니다.

원자력발전소의 잇따른 대형사고, 되풀이되는 사고은폐 및 데이터조작으로 국민의 불안감과 불신감이 커지고 확산되는 것 에 대처하기 위해, 국민들을 분열시키고 미디어를 회유하는 일종 의 지침서입니다. 전체 내용을 한마디로 요약한다면 다음과 같 습니다. "정전은 괴롭지만 원자력은 싫다는 이기적인 소리를 하 는 것이 대중이다." 이렇듯 국민을 멸시하고 우롱하는 그들의 자 세가 적나라하게 드러나 있는 이 문건은 1991년 과학기술청(당시) 의 위탁을 받아 정리된 「원자력PA[15]방책의 자세」(1991년 보고)입니 다. 전력업계와 정부기관을 향한 제언이라 할 수 있겠습니다.

이 '91년 보고'를 보면, 심지어 "반복하고 반복해서 홍보할 필요가 있다. 신문기사도 독자들은 3일이면 잊어버린다. 반복해 서 [기사로] 쓰게 되면 [홍보내용을 사람들의 머릿속에] 각인시 키는 효과를 낼 수 있다"면서 원전을 용인하는 의식을 국민들의 머릿속에 억지로 우겨넣을 것마저 요구하고 있습니다.

또 "원자력에 호의적인 문화인을 포섭해 두었다가 필요할

국민대상	매스미디어 대책

반복하면 각인되는 효과

- 인기 연예인이 "원자력은 필요하다" "저는 안심하고 있습니다"라고 말해서 사람들이 납득할 것이라고 생각한다면 오산. 역시 전문가의 발언이 신뢰성이 있다.
- 반복하고 반복해서 홍보할 필요가 있다. 신문기사도 독자는 3일이면 잊어버린다. 반복해서 쓰게 되면 각인시키는 효과를 낼 수 있다. 좋은 것, 소중한 것일수록 반복할 필요가 있다.
- 정부가 원자력을 지지하고 있다는 것을 국민에게 보여주는 것은 중요하다. 국민에게 신뢰감을 심어주는 버팀목이 되기 때문이다.
- 여름이든 겨울이든 전력소비량의 피크(peak) 시기는 화제가 된다. 필요성 홍보를 위한 절호의 기회이다. 광고 타이밍은 사고가 일어났을 때뿐만이 아니다.
- 미녀가 아니더라도 장점을 계속 칭찬하면 미인이 된다. 원자력은 원래부터 미인이므로 그 아름다움과 좋음을 불쾌감 없이 부각시킬 수 있도록 노력할 것.

문과계(文科系)는 숫자에 약하다

- 흙장난을 하면 손이 더러워지지만, 씻어내면 깨끗해진다. 위험이나 안전은 결국 정도(程度)의 문제라는 것을 상식화시킬 필요가 있다.
- "전쟁터에서도 상황판단만 가능하면 서두르지 않고도 살 수 있다"는 말이 있다. 경중의 판단을 함에 있어 기초지식을 빼놓을 수 없다. 문과계의 사람은 숫자를 보면 앞뒤 가리지 않고 믿어준다.
- 원자력이 없다면 어떻게 될까. 예를 들어가며 필요성을 강조하는 것이 좋다.
- 정전은 괴롭지만 원자력은 싫다는 이기적인 소리를 하는 것이 대중이라는 사실을 잊지 말 것.
- 드라마 등에 자연스럽게 원자력 관련 내용을 집어넣는다. 원자력 관련 기업에서 일하는 사람이 등장하는 것 같은 식이 좋다. 원자력을 하이테크의 한 분야로 해서 기술문제로 다뤄준다면 어떨까.

양식 있는 코멘테이터의 양성

- 원자력에 호의적인 문화인을 포섭해 두었다가 필요할 때 코멘테이터(commentator)로 매스컴에 추천할 수 있도록 한다(로비의 설치).
- 몇 명 정도 로비하면서 코멘테이터로 양성할 수 있도록 노력한다. 관청 등에서 레크리에이션 등을 할 때, 의식적으로 양식 있는 코멘테이터의 이름이나 그의 코멘트를 넣을 수 있도록 한다.
- 무리하게 로비를 할 필요 없이 기자클럽이나 논설위원과의 간담회를 이용하면 된다. 상설이 아니더라도 필요하다면 주부연합회의 사람들을 모아 의견을 듣는 등 임기응변으로 대응하는 것이 좋다.
- 좋은 대변인은 긍정적인 이미지를 심어준다. 신문기자가 적극적으로 대변인의 의견을 구하고 기사에 인용하게 한다. 그러면 대변인의 시각이 신문기자들 사이에 침투하게 된다. 일종의 매스컴 조작법이지만 합법적인 여론조작이다.

TV연출자에게 지혜를 주입

- 매스컴관계자는 원자력관련 정보에 어둡다. 진지하면서도 생경한 정보를 반복해서 일방적으로 전달하는 것이 좋다. 접촉을 할 경우, 만나서 잠자코 식사만 하지 말 것.
- 관계자의 원자력시설 견학을 주선하도록 한다. 직접 보면 친근감이 들고 이해가 깊어진다.
- TV방송국과 과학기술청은 결속이 약하다. TV연출자에게 지혜를 주입시킬 필요가 있다.
- 인기 캐스터를 타깃으로 한 광고를 생각해 본다. 사안이 없을 때라도 가끔 회합을 가지며 원자력과 관련한 대화나 정보제공을 하도록 한다.
- 인기 캐스터를 모아 이해를 시키는 것이 가능하다면 그것이 가장 효과적이며 좋은 방법이다. 사람들에게 잘만 하면 문제없다는 인식을 심는 한편, 잘 관리해 둘 필요가 있다.

학교교육	원전반대파 대책
엄격한 체크	**연결고리를 만들 것**
• 교과서(예를 들면 중학교 이과)에서 그리 많지는 않지만 원자력 관련 내용이 다루어지고 있다. 이 기술을 주의 깊게 읽어보면, 원자력발전이나 방사선은 위험하고, 존재는 하더라도 가급적 멀리하고 싶다는 느낌이 나타난다. 필자가 자신이 없이 위축된 상태에서 써놓은 것이다. 이래서는 안 된다. 엄격하게 체크해서 문부성(文部省)의 검정에 반영토록 해야 한다. 한 걸음 더 나아가, 그 존재의의를 보다 높이 평가하도록 조치를 취해 두어야 한다.	• 반대파의 리더와 어떠한 형태로든 유대를 갖는 것이 어떨까. (토론회 개최 등을 통해)
• 교사가 대상일 경우, 중요한 것은 교과서에 거론하는 것이다. 문부성에 압력을 넣어 원자력을 포함한 에너지관련 정보가 교과서에 반영될 수 있도록 한다.	

때 코멘테이터(commentator)로 매스컴에 추천할 수 있도록 한다"는 등 문화인, 매스미디어 포섭작전도 구체적으로 명기해 놓았습니다.

91년 보고는 사고조차도 '홍보의 찬스'라고 언급하고 있습니다. "사고가 났을 때, 이를 홍보의 찬스로 인식하고 이용해야 한다" "사고시에 홍보를 할 때는 해당 사고에 대해서뿐만 아니라, 그 주변에 관한 정보도 흘릴 것. 또한 이때라는 듯이 원전의 필요성 및 안전성에 관한 정보도 흘리도록 한다" "여름이든 겨울이든 전력소비량의 피크(peak)시기는 화제가 된다. 필요성 홍보를 위한 절호의 기회인 것이다" 등이 그 적절한 예입니다.

원전반대파와의 연계성도 강조하며, 원전에 반대하는 국민들의 의식을 분열시키기 위한 시나리오에 관련한 언급도 있습니다. 또한 매스미디어 관계자와의 관계는 "만나서 잠자코 식사만 하지 말 것" 등과 같은 구체적인 내용도 나옵니다. 원자력의 필요성에 대해서는 "전력회사나 관련기관의 광고에 반드시 '3분의 1은 원자력'이라는 문구를 삽입하도록 한다. 크기를 작게 해서라도 어디든 집어넣도록 한다. 어떤 형태로든 머릿속에 남게 된다" "방사능이 있다는 것은 누구라도 알고 있다. 원자력이 없다면 어떻게 될까, 예를 들어가며 필요성을 강조하는 것이 좋다" 등 거의 위협에 가까운 수법도 소개하고 있습니다.

91년 보고가 소개하고 있는 수법들은, 도쿄전력 후쿠시마 제1원자력발전소에서 일어난 참혹한 사고로 원전반대 여론이 확산되던 당시 원전 추진세력의 편에 서 있던 미디어들이 떠들어대던 내용들과도 일맥상통합니다.

일본원자력문화진흥재단이란?

이 원전 '여론대책 매뉴얼'을 만든 일본원자력문화진흥재단이
사용하는 활동비의 30~40%는 국민의 세금으로 충당되고 있
습니다.

2009년도 결산에 따르면 일본원자력문화진흥재단은 문부
과학성(文部科学省)의 '교육지원용 정보제공' 및 경제산업성의 '핵
연료 사이클 강연회' 등 10개 사업과 관련, 3억 2300만 엔을 수
탁(受託)받았으며, 이것이 연간수입의 34.1%를 차지하는 것으로
나타났습니다.

이 재단이 전원(電源)입지 추진사업과 함께 진행하는 강사
파견의 경우, 연간 136회 강연에 여비 606만 엔, 강사사례금 591
만 엔 등의 경비가 세금으로 집행되었습니다.

일본원자력문화진흥재단 이사장은 미쓰비시 머티리얼(Ma-
terial)의 명예고문인 아키모토 유미(秋元勇巳) 씨입니다. 2010년 8
월 27일 현재 임원명단을 보면, 이사진에는 야기 마코토(八木誠)
간사이전력 사장, 시미즈 마사타카(清水正孝) 도쿄전력 사장(당시),
다마카와 히사오(玉川寿夫) 민간방송연맹 고문, 가토 스스무(加藤
進) 스미토모상사 사장, 쇼야마 에츠히코(庄山悦彦) 히다치(日立)제
작소 상담역, 쓰쿠다 가즈오(佃和夫) 미쓰비시중공(三菱重工) 회

장, 니시다 아츠토시 도시바 회장, 하야시다 에이지(林田英治) 철강연맹회장 등이 이름을 올려놓고 있습니다.

1969년 설립된 이 재단의 목적은 "원자력의 평화적 이용에 관한 지식의 개발 및 보급을 적극적으로 시행한다"고 되어 있습니다. 홈페이지에는 초·중·고교생의 원자력발전소 견학, 고교생 대상 방사선 실습 세미나, 보도관계자를 위한 원자력 강좌, 원자력 및 에너지에 관한 심포지엄 등과 같은 사업내용이 게재되어 있습니다.

방사선 실습 세미나를 수강한 한 학생의 감상문을 보면 "우리의 몸 안 그리고 식품이나 대지에도 방사선이 존재한다는 것을 알게 되어, 방사선은 무서운 것이라는 고정관념이 사라졌다"고 씌어 있습니다. 세금으로 원전 '안전신화'를 국민의 머릿속에 계속 심어넣고 있는 것입니다. 이와 같은 '작업'은 자민당정권 아래서 시작되어 민주당으로 정권이 교체된 뒤에도 계속되었습니다. 역대정권의 책임이 크다 하겠습니다.

세금으로 '안전신화' 각인:
표적이 된 어린이들

원자력발전을 추진하기 위해 세금에서 조달되는 원자력 홍보·교육 예산은 매년 60억 엔 규모에 달합니다. 심포지엄 개최와 설명회, 신문·잡지 광고 등 헤아리기 힘들 정도로 다양한 사업들이 전개되고 있습니다. 이러한 사업들을 맡아 진행하는 사업자는 일본원자력문화진흥재단 외에도 거대 광고대행사인 덴츠(電通)와 하쿠호도(博報堂) 그리고 산케이신문사 등이 있습니다. 세금으로 국민들의 머릿속에 원전 '안전신화'를 각인시키고 있는 것입니다.

"전기는 어떻게 만들어져서, 어떻게 사용되는 거야?" 2010년 10월 30일자 『산케이신문』(동일본판)은 신문의 두 페이지 전면을 할애해 이와 같은 표제의 '사업특집'을 게재했습니다. 기사에는 원전입지와 수도권의 초등학생이 서로 상대방이 살고 있는 지역을 방문해서 교류를 진행하는 한편, 원자력발전이나 환경문제에 대해 공부한다는 내용의 이벤트가 소개되고 있습니다.

"두근두근 에너지학교: 어린이 에너지 탐험대"라는 이름의 이 이벤트를 주최한 것은 자원에너지청과 『산케이신문』, 후쿠시마TV 그리고 니이가타 종합TV 등입니다. 그 실체는 '전력 생산지·소비지 교류사업'이라는 자원에너지청의 위탁사업이었습니다. 모집요강을 살펴보면, 참가대상은 초등학교 4~6학년 학생들로 '전력소비지'인 수도권 어린이 60명과 오사카 시 주변지역의 어린이 30명이 모여, '전력생산지 탐험'(1박 2일)과 '전력소비지 탐험'(1박 2일)을 각각 진행하는 것으로 되어 있습니다. 4일 일정의 참가비는 전액무료입니다.

이 이벤트에 참가한 학생들은 '전력생산지'인 도쿄전력 후쿠시마 제1원자력발전소 등을 견학해서 "수도권에서 사용하는 전기의 약 4분의 1은 후쿠시마 현 내에 있는 원자력발전소에서 만들어지고 있다" "지진에 강한 건물을 세우기 위해서는 [후쿠시마 현과 같은] 견고한 지반이 필요하다" 등의 내용을 교육받았습니다.

사업 수주기업이 정책입안에 관여

전력 생산지·소비지 교류사업은 2008년부터 2010년까지 3년 연속으로 산케이신문사가 위탁을 받았습니다. 2010년도 위탁비용은 7400만 엔. 그 재원은 전기료에 포함되어 함께 청구되는 전원개발촉진세(電源開発促進税)입니다. 전원 생산지·소비지 교류사업은 2005년 국무회의에서 결정된 '원자력정책대강'에 근거를 두고 있는 사업입니다. 이 '원자력정책대강'을 수립한 '신(新)수립회의'의 멤버 중에는 『산케이신문』의 치노 게이코(千野境子) 논설위원장(당시)도 포함되어 있었습니다.

자작자연(自作自演)으로 사업을 따냈던 것일까요. 자원에너지청 담당자는 "[치노 논설위원장이] 책정회의에 참가하면서 다른 사업자보다 먼저 사업에 대해 알게 되었을 가능성이 없지는 않지만, 사업수주는 일반 경쟁입찰로 진행되었기 때문에 공정성은 확보되어 있었다"고 말합니다.

"원자력발전소와 전통적 양조기술이 공존하는 지역에 살고 있다는 것을 다시금 확인하며 자부심을 느꼈다." ANA항공의 기내지 『날개의 왕국』 2010년 1월호에는 이와 같이 니이가타 현 가시와자키(柏崎) 시의 주조회사 사장과 양조기술자의 이야기가 소개되고 있습니다.

"원자력발전소가 있는 거리에서 환하게 웃는 얼굴을 찾아냈다"라는 카피를 달아놓은 이 기사는 다름아니라 자원에너지청의 광고입니다. 광고는 "원자력발전소에서는 지진 등 만일의 사태에 대비한 안전대책을 실시하고 있다"고 강조합니다. 이 광고를 만든 것은 덴츠입니다. 덴츠는 2009년 ANA의 기내지 외에도 각종 주간지나 육아정보지 등 잡지의 광고를 약 4300만 엔 가량 위탁받고 있습니다.

공장이나 발전소 등의 입지절차를 진행하는 일본입지센터라는 재단법인이 있습니다. 회장은 도시바의 전 회장 오카무라 다다시(岡村正) 씨입니다. 이 센터는 자원에너지청으로부터 중학생을 대상으로 하는 에너지 정보지 『드리머』(Dreamer)의 발행을 위탁받고 있습니다. 『드리머』는 A4사이즈에 올 칼라로 인쇄된 12페이지 분량의 잡지로, 약 4만 8천 부가 연간 4회 발행되어 원전이 들어서 있는 지역의 중학생들에게 무료로 배포됩니다.

내용은 중학생들이 참가하는 원전견학이나 방사선 교실 등을 소개하는 것입니다. 독자들을 대상으로 모집하고 있는 에너지관련 일러스트에는 "원자력발전은 이산화탄소를 발생시키지 않는데, 요즘 지구온난화가 문제가 되고 있으니까 이런 발전방법을 늘려가면 좋겠다" 등과 같은 의견이 담긴 독자투고가 소개됩니다. "에너지 단편지식" 코너에서는 원전과 자연에너지의 발전량을 비교해 놓고 있는데 원전 1기가 생산하는 만큼의 전기를 만들어내려면 풍력발전기 3482기, 태양열 발전기 1만 9343기가 필요하다고 나와 있습니다. 일부러 발전량을 시설의 수로 환산해서 원전의 '우위성'을 강조하고 있는 것입니다. 어린이들의 시선을 자연에너지로부터 떼어놓으려는 의도가 드러납니다.

2011년 3월 29일에 확정된 정부예산에서도 자원에너지청 앞으로만 약 29억 엔이나 되는 원자력관련 홍보비용이 책정되어 있습니다. 자원에너지청 담당자는 "예산은 책정되어 있지만 사업을 진행할지의 여부에 대해서는 검토중"이라고 말했습니다.

원전추진을 위해 국민의 세금에서 조달되는 홍보예산은 심포지엄 개최나 설명회, 신문 및 잡지 광고 등 여러 가지 분야에서 쓰여 집니다. 그리고 이중 대부분은 정부가 직접 실행하는 것이 아니라 업무위탁의 형태로 일반기업 및 재단법인 등이 수주하고 있습니다. 위탁을 받은 기업 가운데는 덴츠나 하쿠호도 등 거대 광고대행사는 물론 『산케이신문』 같은 미디어회사도 포함되어 있습니다(다음의 표 참조).

<세금으로 원자력발전을 추진해 온 주요 사업과 위탁단체>

미디어

	사업명	수주액 (만 엔)	계약일
산케이 신문	전(전력 생산지·소비지 교류사업=서일본지역)	3499	2006. 6. 16.
	전(전력 생산지·소비지 교류사업)	8784	2008. 4. 1.
	전(전력 생산지·소비지 교류사업)	7455	2009. 4. 1.
	원(전력 생산지·소비지 교류사업)	7403	2010. 4. 1.

재단법인

	사업명	수주액 (만 엔)	계약일
일본 입지 센터	전(지역미디어 홍보)	3598	2006. 6. 1.
	전(개별지점 홍보=차세대[중학생] 정보지 작성·배포 사업)	1555	2007. 4. 2.
	전(개별지점 홍보=지역정보교류 정보지 작성·배포사업)	4734	2007. 4. 2.
	전(전원지역진흥지도사업=자매·우호 도시 제휴지원 사업)	2648	2007. 4. 2.
	전(전단지 작성·배포 사업)	1309	2007. 6. 20.
	전(여성대상 세미나·간담회)	1729	2007. 6. 20.
	전(지역미디어홍보)	2629	2007. 6. 20.
	전(개별지점홍보=원자력지점 정보지 작성·배포 사업)	2999	2008. 4. 1.
	전(개별지점 홍보=차세대[중학생] 정보지 작성·배포 사업)	1481	2008. 4. 1.
	전(개별지점 홍보=지역정보교류 정보지 작성·배포 사업)	4907	2008. 4. 1.
	전(지역미디어 홍보)	2606	2008. 5. 30.
	전(개별지점 홍보=원자력지점 정보지 작성·배포 사업)	2246	2009. 4. 1.
	전(개별지점 홍보=차세대[중학] 정보지 작성·배포 사업)	1110	2009. 4. 1.
	전(개별지점 홍보=지역정보교류 정보지 작성·배포 사업)	3267	2009. 4. 1.
	전(NPO 등 활동정비사업)	848	2009. 4. 27.
	전(지역미디어 홍보)	2060	2009. 4. 27.
	전(잡지광고=여성지)	910	2009. 10. 7.
	원(정기간행물 홍보)	8424	2010. 4. 1.
	원(원자력시설 입지지점 대상 정보지 작성·배포사업)	4412	2010. 4. 1.
	원(차세대(중학생)대상 정보지 작성·배포사업)	1067	2010. 4. 1.
	원(NPO 등 활동정비사업)	988	2010. 5. 14.

일본 원자력 문화 진흥 재단	전(강사파견)	2681	2006. 4. 7.
	전(원자력연수강좌)	1976	2006. 6. 1.
	전(강사파견)	926	2006. 8. 1.
	'원자력의 날'포스터 콩쿠르	3149	2007. 4. 2.
	전(원자력 유식자 파견사업)	8789	2007. 6. 20.
	핵(인접지역 홍보 등)	1008	2007. 8. 28.
	전(강사파견)	1억 2495	2008. 4. 1.
	핵(핵연료 사이클 시설 견학)	3990	2008. 4. 7.
	전(강사파견)	2500	2009. 4. 1.
	원(인접지역 홍보)	2300	2009. 4. 1.
	보급개발과제 제공(원자력 포스터 콩쿠르)	1727	2009. 6. 1.
	원(인접지역 홍보)	8190	2010. 4. 1.
	원자력에 관한 부교재 등의 작성·보급	1256	2010. 4. 1.
	원자력 포스터 콩쿠르	1959	2010. 5. 11.
	원(지역미디어홍보)	1470	2010. 5. 14.
	원(오피니언 리더 등을 대상으로 한 홍보사업)	2499	2010. 10. 5.

거대 광고대행사

	사업명	수주액 (만 엔)	계약일
덴츠	전(에너지홍보의 자세에 관한 검토)	549	2006. 4. 3.
	전(신문광고)	566	2006. 4. 19.
	전(심포지엄 개최)	3199	2006. 9. 1.
	전(신문광고)	2940	2007. 7. 26.
	핵(최종처분사업에 관한 도·도·부·현 설명회 개최)	1억 500	2007. 11. 28.
	전(전국광고=신문광고)	3663	2008. 2. 27.
	전(잡지광고)	2594	2008. 5. 30.
	전(잡지광고=기내지)	1701	2009. 4. 27.
	전(잡지광고=육아정보지 등)	853	2009. 10. 14.
	전(잡지광고=일반 주간지 등)	1764	2010. 1. 19.
하쿠 호도	전(잡지광고)	3552	2006. 6. 1.
	전(전국홍보=니이가타 진흥 포럼)	985	2007. 12. 6.
	전(방사성 폐기물에 관한 홍보 작성)	3018	2007. 10. 22.

* 전=전원입지 추진 조정 등 사업, 핵=핵연료 사이클 관계 추진 및 조정 등,
  원=원자력시설 입지 추진 및 조정 사업
** 정부의 조달정보 참조 (1만 엔 미만 제외)

원전추진을 지탱하는 시스템:
아전인수식 국가정책

재계 유력인사들은 "원전은 국가정책 차원에서 추진되어 왔다" (요네쿠라 히로마사 경단련 회장)고 말합니다. 물론 그 토대가 된 것은 앞서 언급했던 바와 같이 정부가 결정하는 '원자력의 연구, 개발 및 이용에 관한 장기계획'(이하 장기계획)이었습니다. 하지만 그 내용을 채워넣은 것은 원자력위원회 안에 설치된 '장기계획전문부회'입니다. 이 장기계획전문부회에는 도쿄전력 사장과 회장을 비롯한 재계 대표인사와 원자로 메이커의 경영진 등 수뇌부들이 멤버로 참가하고 있습니다. 당연히 국민에게 '안전신화'를 선전해 온 거대 신문사 논설위원도 이름을 올려놓고 있습니다. 그렇다면 도대체 이 '원전추진'이라는 국책은 누가, 어떻게 만들어낸 것일까요.

제1차 장기계획이 수립된 것은 1956년이었습니다. 이 장기계획에서는 원전의 추진이 극단적으로 강조된 반면, 안전성에 관한 서술은 거의 없고 경시되었습니다.

1961년에 세워진 두번째 장기계획은 "장래의 전력수요 급증에 대응하기 위해 … 전력공급원으로서의 원자력발전에 대한 기대는 중요한 의의가 있다"고 언급하고 있습니다. 이 계획이 수립된 회의에는 도쿄전력의 아오키 긴이치 사장, 간사이전력의 아시하라 요시시게 사장 등이 멤버로 참여하고 있었습니다.

1967년의 장기계획은 안전성과 관련하여 "대량의 방사성 물질을 취급하는 원자력시설은 엄중한 법적 규제 아래 있을 뿐 아니라 그 주변환경의 안전 확보에도 만전을 기하고 있기 때문에 만의 하나 시설에 사고가 발생하더라도 주변지역의 주민들에게 재해가 미치는 일은 거의 생각할 수 없다"고 단언했습니다. 이것이 오판이었음은 그로부터 44년 후 후쿠시마 원전 사고에서 극적으로 드러나게 됩니다.

1978년 제5차 장기계획에서는 1973년 1차 오일쇼크 등의 영향을 받아, 석유를 대체할 수 있는 에너지로서 "원자력의 지위가 한층 높아졌다"고 강조하면서 원전은 "오늘날 우리나라에서 공급되는 전체 에너지 가운데 중요한 하나의 축"이라고까지 언급되었습니다.

제7차 장기계획이 수립된 것은 1987년이었습니다. 불과 한해 전인 1986년에 구소련 체르노빌에서 원전사고가 일어났음에도 불구하고, 원전 추진세력은 일본의 원전에 대해 "안전성이 기본적으로 확보되어 있다"고 '안전신화'를 강변했으며, 심지어 "착실하게 원자력 개발·이용을 추진하는 것은 오늘을 살아가는 우리에게 부과된 책무"라고 주장하며 원자력의 이용·개발을 고집했습니다. 이 시기의 계획수립에 참여한 멤버로는 도쿄전력의 이라이와 가이시 회장, 전기사업연합회의 나스 쇼 회장, 미쓰비시공업의 이이다 요타로 사장 등이 눈에 띕니다. 나스 씨는 그 무렵 도쿄전력 사장이기도 했으므로, 도쿄전력에서는 고위임원 두 명이 계획수립에 참여하고 있었던 것입니다.

원자력 장기계획으로는 마지막이었던 제9차 장기계획은 2000년에 수립되었습니다. 여기서는 원자력산업에 대해 "기계공급을 중심으로 국제무대에서의 활약을 적극 도모할 수 있을 것으로 기대된다"면서, 원전설비를 해외로 수출하는 문제를 제안했습니다. 그후 장기계획은 '원자력정책대강'으로 이어집니다.

\<원자력 장기계획 수립에 관여한 재계·산업계·전력회사 요인\>

1961년 (제2회)

아오키 긴이치 (青木均一)	도쿄전력 사장
아시하라 요시시게 (芦原義重)	간사이전력 사장
안자이 마사오 (安西正夫)	쇼와전공 사장
이노우에 고로 (井上五郎)	중부전력 사장
이노 미츠요시 (稲生光吉)	미쓰비시원자력공업 부사장
우에무라 고고로 (植村甲午郎)	경단련 부회장
오오야마 아츠시 (大屋敦)	일본원자력산업회의 부회장
구루시마 히데자부로 (久留島秀三郎)	도와(同和)광업 사장
구라타 치카라 (倉田主税)	히다치제작소 사장
고이즈미 유키히사 (小泉幸久)	후루카와(古河)전기공업 사장
고마가타 사쿠지 (駒形作次)	후지전기 제조고문
사가네 료키치 (嵯峨根遼吉)	일본원자력발전 이사
사쿠라이 도시기 (桜井俊記)	미쓰비시일본중공 사장
세토 쇼지 (瀬藤象二)	일본원자력사업 사장
다시로 시게키 (田代茂樹)	동양레이온 회장
후지이 쇼지 (藤井崇治)	전원개발 총재
마츠네 무네카즈 (松根宗一)	전사련 부회장
마사이 쇼오조 (正井省三)	스미토모화학공업 전무이사
야스카와 다이고로 (安川第五郎)	일본원자력발전 사장

1967년 (제3회)

마츠네 무네카즈 (松根宗一)	일본원자력산업회의 부회장
고마가타 사쿠지	미쓰비시원자력공업 고문
이노우에 고로	중부전력 회장
오쿠다 노리히사 (奥田教久)	아사히신문사 논설위원
시마무라 다케히사 (島村武久)	후루카와전기공업 이사

1972년 (제4회)

잇폰마쓰 다마키 (一本松珠璣)	일본원자력발전 회장
시마무라 다케히사	후루카와전기공업 상무이사
다나카 나오지로 (田中直治郎)	도쿄전력 부사장
요시야마 히로키치 (吉山博吉)	히다치제작소 부사장
와다 마사히로 (和田昌博)	간사이전력 부사장

1978년 (제5회)

아리사와 히로미 (有沢広巳)	일본원자력산업회의 회장
엔조지 지로 (円城寺次郎)	니혼게이자이신문 회장
가토 오토사부로 (加藤乙三郎)	전사련 회장
다마키 게이조 (玉置敬三)	일본전기공업회 회장
마츠네 무네카즈 (松根宗一)	경단련 에너지대책위원장

1982년 (제6회)

아시하라 요시시게	간사이진력 이사·회장
이노우에 고로	중부전력 상담역
히라이와 가이시 (平岩外四)	전사련 회장
사바 쇼이치 (佐波正一)	도쿄시바우라(芝浦)전기주식회사 대표이사사장
시라사와 도미이치로 (白澤富一郎)	경단련 에너지대책위원장
쓰츠미 요시타츠 (堤佳辰)	니혼게이자이신문사 논설위원
모리 가즈히사 (森一久)	일본원자력산업회의 총재

1987년 (제7회)

아베 히데오 (阿部栄夫)	일본전기공업회 회장
이이다 요타로 (飯田庸太郎)	미쓰비시중공업 사장
오가키 다다오 (大垣忠雄)	니혼겐소(日本原燃)산업 사장
가도타 마사미 (門田正三)	전원개발(電源開発) 총재
고바야시 겐자부로 (小林健三郎)	니혼겐소 서비스 사장
고바야시 쇼이치로 (小林庄一郎)	간사이전력 회장
나스 쇼오 (那須翔)	전사련 회장
히라이와 가이시	도쿄전력 회장
모리 가즈히사	일본원자력산업회의 총재

1994년 (제8회)

고바야시 쇼이치로	간사이전력 이사·회장
아오이 조이치 (青井舒一)	도시바 이사·회장
아베 코헤이 (安部浩平)	중부전력 이사·사장
이다 고조 (飯田孝三)	일본원자력발전 이사·사장
이다 요타로	미쓰비시중공업 이사·회장
스기야마 가즈오 (杉山和男)	전원개발 대표이사·사장
나카무라 마사오 (中村政雄)	요미우리신문사 논설위원
나스 쇼오	도쿄전력 이사·회장
노자와 기요시 (野澤清志)	일본겐소 대표이사·사장
모리 카즈히사	일본원자력산업회의 총재

2000년 (제9회)	
나스 쇼오	도쿄전력 상담역
아키모토 유미 (秋元勇巳)	미쓰비시 머티리얼 회장
이시카와 요시미 (石川好)	사회기반연구소 회장
이나모리 가즈오 (稲盛和夫)	교세라주식회사 명예회장
오타 고지 (太田宏次)	전사련 회장
다케우치 데츠오 (竹内哲夫)	일본겐소오 사장
치노 게이코 (千野境子)	산케이신문 논설위원
도리이 히로유키 (鳥井弘之)	니혼게이자이신문사 논설위원
니시무로 타이조 (西室泰三)	일본전기공업회 회장

원자력정책대강	
2005년 (1회째)	
이카와 요지로 (井川陽次郎)	요미우리신문 도쿄본사 논설위원
가츠마타 쓰네히사 (勝俣恒久)	전사련 회장(도쿄전력 이사·사장)
치노 케이코	산케이신문사 논설위원장
후지 요사쿠 (藤洋作)	간사이전력 이사
마츠오 신고 (松尾新吾)	규슈전력 대표이사·사장

* 중복되는 이름에는 원어표기를 생략하였음(직함은 당시기준)

전력회사, 미디어, 종합건설사 그리고 금융:
철(鐵)의 공동체

원전을 추진해 온 전력회사와 거대 금융기관, 업무를 수주하는 종합건설사 그리고 '안전신화'를 확산시키는 미디어 사이에는 밀접한 인적 연계가 자리 잡고 있습니다.

일본생명은 9개 전력회사 가운데 8개사, 미즈호코퍼레이트은행(MHCB, Mizuho Corporate Bank)은 6개사의 대주주로 이름을 걸고 있습니다(다음의 표 참조). 여기서 금융기관들은 대주주가 되어 단순히 투자만 하고 배당을 받는 것이 아닙니다. 경영과 관련한 의견을 내고, 주주총회에서 의결권을 행사하기도 하며 전력회사의 경영을 좌우하고 있습니다.

올해 각 전력회사의 주주총회에서는 원전으로부터 철수를 목표로 하는 주주제안이 제출되었습니다. 그러나 이 제안들은 표결에서 찬성표를 거의 받지 못하고 모두 부결되었습니다. 개중에는 주식을 보유하고 있을 뿐 아니라 금융기관이 직접 자사 임원을 전력회사의 간부로 파견하는 경우도 있습니다.

도쿄전력의 경우 6월 주주총회까지 다이이치(第一)생명의 모리타 도미지로(森田富治郎) 회장이 이사를 맡고 있었습니다. 간사이전력은 UFJ은행(지금의 미쓰비시도쿄UFJ은행) 회장을 지낸 다마코시 료스케(玉越良介) 씨가 아직도 이사 자리에 있습니다. 그리고 규슈전력에는 일본흥업은행(지금의 미즈호은행) 영업 제8부장이었던 쓰가미 겐지(津上賢治) 씨가 이사로 재직하고 있습니다.

주식회사에서 이사는 회사의 업무집행에 관한 의사결정이나 감독을 담당하는 자리입니다. 이러한 맥락에서 본다면 금융기관은 영락없이 전력회사와 한몸이 되어서 원전을 추진하는 경영을 해왔던 것입니다.

전국은행협회의 나가야스 가츠노리(永易克典) 회장(미쓰비시 UFJ 파이낸셜그룹 사장)은 7월 13일 중의원 동일본 대지진 부흥 특별위원회에 참고인 자격으로 출석하여, 원전정책의 유지를 전제로 해서 도쿄전력을 존속시키고 금융기관의 채권자책임·주주책임을 묻지 않는다는 내용의 원자력손해배상지원기구법(原子力損害賠償支援機構法)의 제안과 관련하여 "조기성립이 중요하고도 불가결하다"고 발언한 바 있습니다.

6월까지 전국은행협회의 회장을 지낸 오쿠 마사아키(奧正之) 씨(미쓰이스미토모 파이낸셜 그룹 회장)도 6월 16일에 있었던 회견에서 "[원자력손해배상지원기구법에 대해] 일본경제를 확실하게 성장시켜 나가기 위해, 그 근본이라 할 수 있는 에너지를 확고하게 확보해야 한다"는 것을 이유로 법안의 빠른 성립을 촉구했습니다.

<원전을 보유한 전력회사의 대주주>

도쿄전력	다이이치생명	① 55,001	② 3.42
	일본생명	52,800	3.29
	도쿄 도	42,676	2.66
	미쓰이스미토모은행	35,927	2.24
	미즈호코퍼레이트은행	23,791	1.48
홋카이도 전력	일본생명	11,299	5.25
	호쿠요(北洋)은행	10,215	4.74
	전국공제농업협동조합연합회	5,655	2.36
	홋카이도은행	4,131	1.92
	메이지야스다(明治安田)생명	4,048	1.88
	미즈호코퍼레이트은행	3,063	1.42
도호쿠 전력	일본생명	19,729	3.92
	고치(高知)신용금고	7,923	1.58
	미즈호코퍼레이트은행	7,144	1.42
	77은행	6,468	1.29
	미즈호은행	6,144	1.22
	센다이 시	5,196	1.03
호쿠리쿠 전력	도야마(富山) 현	11,270	5.36
	호쿠리쿠은행	10,476	4.98
	일본생명	7,426	3.53
	홋코쿠(北國)은행	6,000	2.85
	미즈호코퍼레이트은행	2,868	1.36
	가나자와(金沢) 시	2,590	1.23
		2,094	1.00
중부전력	메이지야스다생명	① 42,662	② 5.63
	일본생명	34,440	4.54
	미쓰비시도쿄UFJ은행	15,304	2.02
	미쓰이스미토모은행	14,943	1.97
	미즈호코퍼레이트은행	10,564	1.39
	다이이치생명	10,000	1.32
간사이 전력	오사카 시	83,748	8.92
	일본생명	42,909	4.57
	고베 시	27,351	2.91
	미쓰이스미토모은행	11,128	1.19
	미쓰비시도쿄UFJ은행	9,472	1.01

4. 추적! 원전 이익공동체

쥬고쿠전력	야마구치 현 진흥재단	49,505	13.34
	일본생명	20,899	5.63
	히로시마은행	5,092	1.37
	스미토모신탁은행	4,986	1.34
	고치신용금고	3,329	0.90
시고쿠전력	이요(伊予)은행	8,851	3.88
	114은행	8,846	3.88
	스미토모공동전력주식회사	7,062	3.10
	고치 현	6,230	2.73
	메이지야스다생명	4,001	1.75
	시고쿠은행	2,749	1.21
규슈전력	메이지야스다생명	22,882	4.83
	일본생명	18,454	3.89
	미즈호코퍼레이트은행	9,669	2.04
	미쓰이스미토모은행	8,474	1.97
	고치신용금고	6,989	1.47

* 2011년 3월의 각 사 유가증권보고서 참조 (① 주수=1천 주, ② 비율=%)

한편 원전을 운영하는 각 전력회사가 보유하고 있는 타사 주식을 살펴보면, 미쓰비시중공업이나 일본콘크리트공업 등 원전추진으로 직접적인 이익을 얻는 회사들이 포함되어 있습니다. 그 외에 생명보험회사나 거대 은행 등 금융기관의 주식 또한 보유하고 있고, 특히 미즈호 파이낸셜 그룹이나 미쓰비시UFJ 파이낸셜 그룹의 주식은 일본원자력발전을 제외하고는 모든 회사들이 가지고 있습니다.

미디어 분야를 살펴보면 도쿄전력은 니이가타방송, 중부전력은 중부일본방송, 규슈전력은 RKB마이니치방송의 주식을 각

각 보유하고 있습니다. 모두 "지역진흥 등에 대한 공헌"이 그 이유입니다. 이 가운데 도쿄전력은 도쿄방송(TBS), TV아사히, 쇼치쿠(松竹) 등의 주식까지 보유하고 있습니다. "당사 사업의 원활한 수행"을 위해서라는 것이 그 이유입니다.

도쿄전력 사장을 지낸 미나미 노부야(南直哉) 씨는 2006년부터 후지TV, 니혼방송(라디오), 출판사인 후소샤(扶桑社) 등이 속해 있는 후지 미디어 홀딩스의 감사로 취임해 있으며 2008년부터는 자회사인 후지TV의 감사도 겸하고 있습니다. 또 아라키 히로시 도쿄전력 전 회장은 2002년부터 TV도쿄의 감사에 취임해 있으며, 2004년부터 가고시마건설, 미쓰이스미토모 파이낸셜 그룹 그리고 2006년부터는 미쓰이스미토모은행의 감사까지 겸하고 있습니다.

가고시마건설은 1957년 일본원자력연구소의 제1호 원자로를 출발로 해서 원자력분야에 진출, 그후 국내 원자력 관련 공사의 절반 가까이 관여해 온 회사입니다. 이번에 과혹사고를 일으킨 도쿄전력 후쿠시마 제1원자력발전소도 1967년 착공 이래 1호기부터 6호기까지의 시공을 모두 가고시마건설이 담당했습니다.

미쓰이스미토모은행은 도쿄전력이 막대한 금액의 장기대출을 받고 있는 금융기관입니다. 2011년 3월 일사분기의 결산을 살펴보면 도쿄전력은 미쓰이스미토모은행으로부터 총 7695억 엔의 자금을 가져다 쓰고 있는 것으로 나타났습니다.

주식회사에서 감사는 회계감사에 그치지 않고 업무 전체에 대해 감사 역할을 수행합니다. TV도쿄의 경우 "이사회는 원칙적으로 매월 1회 개최되며, 사외이사와 사외감사를 멤버로 추가시켜 중요 사항의 결정 및 업무집행 상황의 감독"을 수행하는 것으로 되어 있는 것입니다. 도쿄전력의 전 사장이 경영 현장에 참여하게 되어 있습니다. 아라키 씨는 1993년 6월부터 1999년 5월까지 도쿄전력의 사장을 역임하고, 그후 회장에 취임했습니다. 그리고 2011년 4월 30일까지 줄곧 도쿄전력의 고문을 맡아왔습니다. 미나미 씨는 아라키 씨의 후임으로 1999년부터 2002년까지 도쿄전력 사장을 지냈으며, 현재도 도쿄전력 고문직을 유지하고 있습니다.

이 두 사람은 2002년에 발각된 원자력발전소의 점검기록 조작사건에 대한 책임을 지고 각각 회장직과 사장직에서 물러났습니다. 당시 그 사건을 계기로, 과거에 실시되었던 원전의 자체점검에서 원자로 노심부분 기기의 검사결과라든가 수리기록, 사고 등이 지속적으로 조작·은폐되어 왔다는 사실이 드러나기도 했습니다.

정부의 국민감시:
미디어도 운동도

원전을 추진하기 위해 정부는 국민에 대한 감시도 서슴지 않습니다. 정부가 신문이나 인터넷을 감시하여 원자력발전 관련 기사를 수집하고 있다는 것이 밝혀졌습니다. 경제산업성의 외국(外局)인 자원에너지청이 "부적절·부정확한 정보에 대한 대응"을 구실로 미디어를 감시하고 있었던 것입니다.

이 사업의 명칭은 원자력시설 입지추진 조정사업에 포함되어 있는 '즉응형(卽応型) 정보제공 사업'입니다. 자원에너지청의 조달정보에 따르면, 2008년도에는 사회경제생산성본부가 2394만 엔, 2009년도에는 과학기술진흥재단이 1312만 엔, 2010년도에는 재단법인 에너지종합공학연구소가 976만 엔 등을 받고 이 사업을 수주했습니다. 2010년도 입찰에서 자원에너지청이 제시한 위탁내용이 상세하게 적혀 있는 시방서를 살펴보면, 사업의 목적은 "신문, 잡지 등의 부적절·부정확한 정보에 대응하는 것"으로 되어 있습니다.

에너지종합공학연구소측 담당자에 의하면, 기사수집의 대상이 되는 매체는 『아사히신문』이나 『요미우리신문』 등과 같은 중앙지 및 『월간공업』 등의 전문지 그리고 후쿠이나 아오모리,

후쿠시마 등 원전이 들어서 있는 지역의 지방지 등이 포함된 약 30개 정도입니다. 잘못된 기사가 있을 경우, 자원에너지청에 보고하고 제대로 된 정보를 작성하기도 합니다.

그러나 시방서에 적혀 있는 이른바 부적절한 정보와 관련해서는 업무를 위탁받은 연구소의 담당자조차 "무엇을 가리켜 '부적절'하다고 하는 것인지 그 의미를 알 수 없었다"고 이야기합니다. 애매한 표현을 쓰면 그 해석은 어디까지든 확장이 가능하기 때문입니다. 또한 시방서가 지시하는 위탁내용 중에는 정부의 원자력정책이나 일반적으로 원자력발전소에서 플루토늄과 우라늄을 혼합한 연료를 이용하는 플루서멀 계획 등에 대한 "동향·경향 등을 전문지식을 활용해 분석"하는 것도 포함되어 있습니다. 그 내용과 관련, 연구소 담당자는 "인터넷에서 원전추진에 반대하는 학자나 기술자의 블로그를 중심으로, 어떤 데이터나 논의가 게재되어 있는지 살펴보는 것"이라고 설명했습니다.

자원에너지청 담당자는 '즉응형 정보제공 사업'에 대해 "원자력은 많은 면에서 오해를 받고 있기 때문에 효과적으로 정보를 제공하기 위한 사업"이라는 언급을 하고 있지만, 이는 틀림없이 세금이 투입된 미디어와 국민 감시활동입니다.

2010년도에 이 사업을 수주한 재단법인 에너지종합공학연구소의 이사장은 도쿄전력 부사장 출신인 시로토 료이치(白土良

一) 씨, 부이사장은 통상산업성에서 환경입지국장으로 일했던 나미키 도오루(並木徹) 씨입니다. 이사진으로는 기무라 시게루(木村滋) 전기사업연합회 부회장(도쿄전력 이사), 사카구치 마사토시(阪口正敏) 중부전력 부사장 등 전력업계 간부 및 이치가와 유우조(市川裕三) 일본철강연맹 전무이사(경제산업성 대신관방심의관 출신), 마쓰이 히데오(松井英生) 석유연맹 전무이사(경제산업성 상무유통심의관 출신)와 같은 관료출신들이 이름을 걸어놓고 있습니다.

'공산당계'라는 꼬리표 붙이기

예전에는 심지어 일본 내의 반대운동에 대한 감시활동까지 이루어졌습니다. 1986년부터 1989년까지, 당시 과학기술청이 원자력발전에 반대하는 운동의 동향을 감시했던 일이 그것입니다.

과학기술청은 감시결과를 1989년 6월에 원자력국 원자력조사실 이름으로 "최근의 원자력발전에 대한 반대운동의 동향과 관련하여"라는 보고서로 정리했습니다. 당시 일본을 포함한 세계 각지에서는 구소련의 체르노빌 원자력발전소 사고(1986년)를 계기로 원전반대 운동이 거세게 일어나고 있었습니다. 보고서는 시고쿠전력 이카타 원전의 출력조정 시험운행에 반대하며 지역주민들이 벌인 운동에 대해 "체르노빌 사고의 원인이 되었던 실험과 동일한 시험운행을 하는 것이며 동일한 사고가 일어날 수도 있다는 오해 때문에 고조되었다"는 평가를 하고 있습니다.

그러나 당시 '이카타 등 원전의 위험에 반대하는 에히메 현민 연락회의'에서 활동하며 출력조정 반대운동에 참가했던 나카가와 에츠오(中川悅良) 전 에히메 현의원(84세)은 "우리들은 통상적인 운행에서도 위험한 원전을 더욱 위험하게 만들어버리는 출력조정에 대해 반대했던 겁니다. 오해라니, 말도 안 되는 소리지요. 14만 명 이상이 실험에 반대하며 서명을 하는 등 지자체 주민들이 자발적으로 대거 참여했던 운동이었어요. 그런 운동을 감시했다니 정말 어처구니없는 일입니다"라며 분노했습니다. 또한 1988년 9~11월에는 홋카이도의 가시와(柏) 원전과 호로노베초(幌延町)의 핵폐기물 처리시설 설치에 반대하며 첫째 건설중지를 사업자에게 권고할 것, 둘째 호로노베의 '저장공학센터' 설치에 반대하며 일체의 협력을 하지 않을 것 등을 지사(知事)에게 촉구하는 조례제정을 위한 직접청구(直接請求) 운동이 일어났습니다. 이 운동에 대해 보고서는 '공산당계 반대파'라는 꼬리표를 붙이고 있습니다.

당시 '원전문제전도연락회'(原発問題全道連絡会)에서 직접청구 운동에 참가했던 간노 가즈히로(菅野一洋) 씨(79세)는 "서명운동은 노동조합과 여성단체 등 18개 단체가 실행위원회를 만들어 진행한 것이고, 이와 관련해서 125개의 지역실행위원회가 조직되었습니다. 홋카이도민이 힘을 모아 50만 명이 넘는 서명을 받아낸 것입니다. '공산당계'라느니 하는 꼬리표를 붙이는 것은 용서할 수 없어요"라고 말합니다.

보고서는 '원자력 반대운동의 특징'과 관련해서 '종래의 운동'과 '최근의 운동'을 비교하고 있습니다. "기술론, 안전론 등 이론 중심→감각적·정서적 반대" "비장한 사명감→놀이감각, 축제분위기" 등으로 운동의 변화를 묘사하고 있는데, 여기에는 운동에 참가하는 시민들을 내려다보는 시선이 반영되어 있었습니다.

또한 '원자력 반대운동의 배경'을 분석하면서 "유럽의 일부 국가가 실행했을 뿐인 원자력정책의 전환이 매스컴에서 필요 이상으로 크게 보도되는 바람에 전세계적으로 원자력으로부터 철수가 대세라고 오해하고 있는 사람들이 많다"고 언급하는 등 매스미디어에도 공격의 화살을 겨누고 있습니다. 심지어 반대운동이 "원자력의 위험성만 특히 부각시킨다"고 하면서 반대운동을 적대시하기도 합니다.

보고서는 이와 같은 분석에 근거해 '과학기술청의 PA (Public Acceptance) 자세'로서 "종래와 같이 매스미디어를 이용할 뿐 아니라 일반인들과의 직접대화를 통한 풀뿌리 홍보를 도입한다(강사파견제도의 실시 등)" "반대파가 국제적 결속을 가지고 있음을 감안, 우리도 국제적인 연대를 강화한다(국제 심포지엄 개최 등)"와 같은 해법을 제시합니다. 이런 시책들은 지금도 실시되고 있습니다.

전기사업연합회 :
압도적 자본력으로 원전추진

간 나오토 총리가 '탈(脫)원전 의존' 회견을 열었던 2011년 7월 13일, 전기사업연합회(전사련)의 야기 마코토 회장(간사이전력 사장)은 그날 즉각 코멘트를 발표, 다음과 같이 강하게 불쾌감을 표시했습니다.

> 에너지정책에 대한 정부의 대폭적 수정은 장래 우리나라의 근간과 관련되는 지극히 중요한 문제로, 방향이 잘못될 경우 큰 화근을 남길 수 있다.

전사련은 1952년에 전국 9개 전력회사가 중심이 되어 설립된 전력회사들의 산업단체입니다. 2000년 3월에 오키나와전력까지 가입을 해서 현재는 10개 전력회사 체제로 운영되고 있으며, 막강한 자금력을 바탕으로 매스미디어와 경제계는 물론 정계에까지 큰 영향력을 가지고 있습니다. 그러나 그 구체적인 활동의 대부분이 베일에 싸여 있습니다.

　전사련 사무국은 도쿄 오오테 마치(大手町)에 있는 경단련 회관에 있습니다. 그 활동에 대해 물어보면 "홈페이지에 나와 있

<전기사업연합회 역대회장>

이름	소속사의 직위	재임기간(년, 월)
호리 신(堀新)	간사이전력 회장	1952. 11. ~ 1955. 1.
스가 레이노스케	도쿄전력 회장	1955. 1. ~ 1961. 8.
오타가키 시로(太田垣士郎)	간사이전력 회장	1961. 8. ~ 1964. 3.
기가와다 가즈타카	도쿄전력 사장	1964. 4. ~ 1971. 6.
가토 오토사부로	중부전력 사장	1971. 6. ~ 1977. 7.
히라이와 가이시	도쿄전력 사장	1977. 7. ~ 1984. 6.
고바야시 쇼이치로	간사이전력 사장	1984. 6. ~ 1985. 12.
나스 쇼	도쿄전력 사장	1985. 12. ~ 1993. 6.
아베 고헤이	중부전력 사장	1993. 6. ~ 1995. 6.
아라키 히로시	도쿄전력 사장	1995. 6. ~ 1999. 6.
오오타 고지	중부전력 사장	1999. 6. ~ 2001. 6.
미나미 노부야	도쿄전력 사장	2001. 6. ~ 2002. 9.
후지 요사쿠	간사이전력 사장	2002. 9. ~ 2005. 6.
가츠마타 쓰네히사	도쿄전력 사장	2005. 6. ~ 2008. 6.
모리 쇼스케(森詳介)	간사이전력 사장	2008. 6. ~ 2010. 6.
시미즈 마사타카	도쿄전력 사장	2010. 6. ~ 2011. 4.
야기 마코토	간사이전력 사장	2011. 4. ~ 현재

는 것이 전부입니다. 그 이상 말할 수 없습니다"라는 대답이 돌아올 뿐입니다. 하지만 그 홈페이지에도 그들의 활동에 대한 구체적인 내용은 거의 언급되지 않고 있습니다.

전사련이 편찬한 『전기사업연합회 35년의 발자취』에 따르면, 1952년 발족 당시 전사련의 사무국은 '총원 50명' 규모였습니다. 하지만 이내 규모가 늘어나 4년 뒤인 1956년에는 "조직 강화와 함께 사무국에 위원으로 파견되어 온 사람들도 크게 늘어나 총인원이 약 100명까지 확대, 이때 전사련의 사무국체제가 확립되어 본격적으로 기동성을 발휘하게 되었다"고 되어 있습니다. 전사련 홈페이지에는 역대 회장단의 이름조차 게재되어 있지 않습니다. 따라서 어쩔 수 없이 각종 자료 등을 찾아 역대 회장과 그 소속을 조사해 본 결과, 주로 도쿄전력과 간사이전력 인사들이 번갈아가며 회장을 맡는 가운데 더러 중부전력 인사가 끼어드는 형태로 구성되어 있었다는 것을 알 수 있었습니다(앞의 표 참조).

현재까지 17대에 이르는 회장단 가운데 도쿄전력의 사장과 회장이 전사련 회장으로 취임한 것만 8명, 더욱이 도쿄전력 출신 전사련 회장들은 재임기간 또한 간사이전력과 중부전력 출신들에 비해 압도적으로 길었던 것으로 나타났습니다. 특히 원자력관련 책임자인 원자력부장의 경우, 기록이 남아 있는 1968년부터 1987년까지 취임한 8명 중 6명이 도쿄전력 출신이었습니다. 원전관련 요직은 사실상 도쿄전력이 독점하다시피 했던 것입니다. 실로 "전사련이라지만 그 중심은 도쿄전력이다"(어느 경제 저널리스트)라는 얘기가 나올 만합니다.

전사련은 자신들의 조직 성격을 '사장단회의의 사무기구'(앞의 책)라고 규정하고 있습니다. 전력회사 우두머리의 뜻을 받들어 별동대처럼 여러 가지 과제를 수행한다는 것입니다. 발족 당시는 노무대책이 전사련의 주된 역할이었습니다만, 그후에는 기업헌금의 창구 역할을 수행했습니다. 원전추진이 중심 임무가 된 것은 1970년대 이후인데, 1973년과 1974년의 오일쇼크를 거치면서 전력업계가 석유에만 의존하던 기존 에너지정책에서 본격적으로 탈피하는 시기와 맞물립니다.

당시 가토 오토사부로 전사련 회장은 1974년 1월 11일 기자회견에서 "전력업계는 앞으로 더욱더 탈(脫)석유의 근본대책인 원자력개발에 힘을 쏟겠다"고 공식적으로 선언합니다. 이와 동시에 기자회견에서 발표한 경영 긴급 중점 대책에는 원전 입지 및 착공의 유연화를 목표로 한 제도개혁이나 그 필요성과 안전성에 관한 강력한 홍보활동 등이 들어 있습니다.

여기서 전사련은 당연히 원전추진을 위해 '안전신화'를 확산시키는 주력부대로서의 역할을 수행했습니다. 이를 위해 매스미디어에 거액의 광고비를 투입하기 시작했는데, 전사련의 야기마코토 회장은 2011년 7월 13일 중의원에서 진행된 동일본 대지진 부흥 특별위원회의 답변에서 전사련의 광고비가 "연간 20억 엔" 정도라고 말했습니다. 하지만 미디어 관계자들 사이에서는 겨우 그 정도가 아니라는 이야기도 나오고 있습니다.

한편 1980년대 들어서면서부터 전사련의 주요 관심사는 핵연료 사이클 사업의 추진을 구체화하는 것이었습니다. 이와 관련해서 1984년 1월 히라이와 가이시 전사련 회장은 기자회견에서 "원자력, 특히 핵연료 사이클의 확립을 향해 전진할 것"이라는 결의를 표명하기도 했습니다.

전사련은 1960년대 후반부터 아오모리 현 시모키타 반도를 염두에 두고 '무츠코가와라(むつ小川原) 종합개발계획'을 수립해 놓았으나, 결국에는 좌절하는 바람에 한동안 광대한 지역의 대부분에 손도 대지 못하고 있었습니다. 그랬던 상황이 1984년 4월에 히라이와 회장이 기타무라 마사야(北村正哉) 당시 아오모리 현지사를 만나서 입지에 대해 협력해 줄 것을 끈질기게 요청하면서부터 변화되기 시작했습니다. 기타무라 지사는 긍정적이고도 전향적인 태도를 표명했고 이에 따라 무츠코가와라 지역에 핵연료 사이클 시설의 입지가 구체화됩니다.

『전기사업연합회 35년의 발자취』는 이 일에 대해 "전사련 35년 역사 속에서 전사련이 집행기관으로서 구체적인 원전입지에 직접 개입한 사례는 이것이 최초이다. … [핵연료 사이클이라는] '비원'을 실현하기 위해, 히라이와 회장과 전사련이 적극적으로 나서서 매듭을 지은 것이라고도 할 수 있다"고 기록하고 있습니다.

원전 머니와 전원3법(電源三法):
원전을 떠받치는 '돈뭉치'

원자력발전소나 관련시설이 들어서 있는 지자체 등에는 거액의 자금이 쏟아부어집니다. 이 자금을 '원전 머니'라고 부르는데, 이와 관련해 여러 가지 자금의 흐름을 관찰할 수 있습니다. 바로 이 '원전 머니'의 중심에 있는 것이, 정부가 원전이 설립되어 있는 지자체에 지급하는 '전원3법 교부금'입니다. 그외에 원전 관련시설에 지자체가 과세하는 고정자산세나 사업세, 주민세 등이 있으며, 도와 현에서 조례를 제정해 징수하는 '핵연료세'도 있습니다.

전력회사로부터 기부금을 받고 있는 지자체도 있는데, 그 금액이 무려 억 단위에 이릅니다. 기부하는 주체를 정확히 밝히는 기부도 있지만, 익명으로 되어 있는 경우도 있습니다. 또한 전력회사의 경영진이 자민당, 민주당 등에 하는 헌금도 일종의 '원전 머니'이며, 그외에도 원전과 관련한 다른 불투명한 자금의 흐름들이 있습니다. 원전 머니는 그것을 받는 지자체를 교부금에 의존하게 함으로써 더 한층 원전추진의 흐름 속으로 빠져 들어가게 만들어버립니다.

'전원3법 교부금'은 '전원3법'의 성립으로 지자체에 유입되었습니다. '전원3법'이란 1974년 6월에 다나카 가쿠에이(田中角栄)

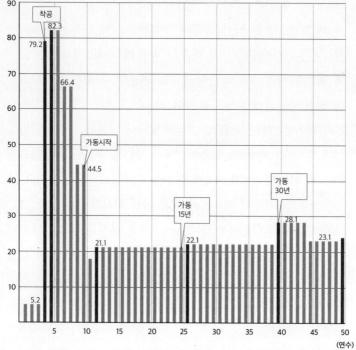

그림9. 전원3법 교부금 추이(추정치)

* 경제산업성 자원에너지청, 「전원입지제도 개요」(2011년 3월)에서 발췌.
  출력 135만 킬로와트 원전의 입지에 수반되는 재정효과 추산(건설기간 7년)

4. 추적! 원전 이익공동체

내각에 의해 도입된 ① 전원개발촉진세법 ② 특별회계에 관한 법률 ③ 전원용 시설(電源用施設) 주변지역 정비법 등을 말하는 것으로, 각각 원전 등 "발전용 시설의 이용 촉진 및 안전 확보, 발전용 시설에 의한 전기공급의 유연화"를 도모하는 것을 목적으로 내걸고 있습니다. 이 법이 제정되었을 당시, 나카소네 야스히로 통상산업성 대신은 이 법에 의해 지급되는 '교부금'을 원전에 대한 주민의 불안감 등을 고려한 일종의 '민폐 위로금'이라고 견해를 밝힌 바 있습니다.

그럼, 전력회사는 이에 대해 어떻게 생각하고 있었을까요. 이 제도가 도입될 당시의 상황에 대해 도쿄전력의 사사 『간토(関東)의 전기사업과 도쿄전력: 전기사업의 창시부터 도쿄전력 50년의 궤적』(『도쿄전력 50년사』)은 다음과 같이 기록하고 있습니다.

　원전의 안전성에 대한 불안과 불신이 존재했다.
　첨예화·조직화된 반대운동이 전개되었다.

한마디로 원전에 대한 주민들의 불안을 돈뭉치로 무마시키기 위해 '전원3법'은 만들어졌던 것입니다. 전기사업연합회가 편찬한 『전기사업연합회 35년의 발자취』는 이에 대해 "효과적인 조치가 강구됨에 따라 입지추진에 탄력이 붙게 되었다"고 절찬하고 있습니다.

'전원3법'에 근거한 '전원개발촉진세'는 전력회사에 과세됩니다. 하지만 전력회사는 이 세금을 전기요금에 포함시킵니다. 다시 말해 실질적으로 이 세금을 부담하고 있는 것은 국민·소비자라는 것입니다. '전원개발촉진세'는 정부의 일반회계를 거쳐 에너지대책 특별회계 전원개발촉진감정에 포함되어서 원전 등이 들어서 있는 지자체와 그 주변 지자체 등에 대한 교부금으로서 지출됩니다.

'전원3법 교부금'은 2003년 10월에 개정되기까지 약 30년 동안 그 용도가 공공시설 정비 등에 제한되어 있었습니다. 그 결과, 원전 주변의 지자체에는 커뮤니티 센터나 실내운동장, 자료관 등과 같은 정책홍보 시설이 잇따라 건설되었습니다. '전원3법 교부금'이라고도 불리는 '전원입지지역 대책 교부금'은 원전의 가동시작을 앞두고 조사단계부터 교부되기 시작해서 공사가 착공단계에 이르면 금액이 대폭적으로 늘어납니다.

원전이 가동되기 시작하면, 입지 지자체에는 거액의 고정자산세가 들어옵니다. 하지만 '전원3법 교부금'은 바로 그 시점부터 급감합니다(그림9 참조). 게다가 고정자산세의 세수도 운행연수가 경과됨에 따라 과세대상의 자산가치가 하락하면서, 더불어 감소하게 됩니다. 이렇게 해서 교부금을 받는 입지 지자체와 그 주변의 지자체들은 교부금과 고정자산세는 감소하는 반면 '전원3법 교부금'으로 건설된 공공시설의 유지·관리비 등은 계속 지출됨으로 인해 재정압박에 직면하게 됩니다.

한편 '전원입지지역대책 교부금'은 발전시설의 출력규모나 가동연수 등에 따라 교부금액이 산정되는 방식으로 운영됩니다. 출력의 규모가 크고, 가동연수가 길어질수록 교부금 또한 늘어나는 구조인 것입니다. 그런 까닭에 이를테면 가동연수가 30년 넘은 원전이 건설되어 있는 도와 현에는 '원자력발전시설 입지지역 공생교부금'이 교부되는가 하면, 사용 후 핵연료에서 추출한 플루토늄을 재이용하는 플루서멀을 실시하는 지자체에는 '핵연료 사이클 교부금'이 교부되고 있습니다.

이렇듯 '전원3법 교부금' 제도는 원전의 증설이나 가동연수의 장기화, 플루서멀 등 원전추진 관련 주문을 수용할수록 그만큼 교부금이 늘어나는 메커니즘으로 되어 있습니다. 이 제도를 통해 원전이 들어선 지자체들을 원전추진 쪽으로 몰아가는, 흡사 마약과도 같은 메커니즘입니다.

일본에서 원전이 추진되어 온 역사와 구조는 전력업계와 관련 대기업을 비롯해 원전추진파 정치가·관료, 전문가 및 일부 미디어 등이 자신들의 이익을 위해 국민의 생명을 계속해서 위험 속으로 몰아넣어 온 발자취라고도 할 수 있습니다.

주

1 고온·고열로 더위 먹는 병으로 사망률이 높음 - 옮긴이

2 원전의 설계단계에서 설정해 놓은 사고의 수준을 뛰어넘어
   원자로의 노심이 녹아내리는 상태에 이르는 사고 - 옮긴이

3 플루서멀은 사용 후 핵연료에서 플루토늄을 추출, 이것을
   우라늄과 혼합한 MOX(우라늄·플루토늄 혼합산화물 연료)로
   만들어 열중성자(thermal) 원자로에서 태우는 것을 말한다.

4 일본의 71대~73대 총리 역임 - 옮긴이

5 경제산업성의 전신 - 옮긴이

6 1995년 12월 몬주 고속증식로에서 냉각재 나트륨이
   유출되면서 발생한 화재사고. 사고 당시 책임자들이 사고가
   일어난 사실을 은폐해서 심각한 사회문제가 되었다.

7 미국은 1954년 3월부터 5월까지 캐슬(castle)작전이라고 명명된 6차례의
   수소폭탄 실험을 비키니 환초에서 실시했다. 시민단체 '고치(高知) 현
   태평양핵실험피해센터'의 조사에 따르면, 이 실험으로 일본에서만
   어선 1천 척과 선원 약 2만 명이 피폭되었을 가능성이 있다고 한다.

8 소련의 오브닌스크(Obninsk) 발전소. 이 발전소는 1954년
   5월에 임계(臨界, criticality)를 달성하고 같은 해 6월에 가동에
   들어갔다. 오브닌스크 발전소는 1986년 4월에 폭발사고를
   일으켰던 체르노빌 원전의 원형(原型)으로 알려져 있다.

9 상대국에 대한 의사표시를 말로 하지 않고 문서로
   제기하는 외교문서의 한 형식 - 옮긴이

10 당시 미국은 상업용 원자로의 실용화에 아직 성공하지 못하고
   있었기 때문에, 쇼리키 씨는 미국과 동력협정을 추진하는 한편,
   당시 상업용 원전에서 세계 최고의 기술을 보유하고 있던 영국의
   콜더홀(Calder Hall) 형(가스냉각식) 원전의 수입을 모색하고 있었다.

결과적으로 이 모델의 원전이 1966년 이비라키(茨城) 현 도카이
무라(東海村)에서 일본 최초의 상업용 원자로 가동을 시작하게 된다.

11　실시계약 제3조 "(일본 또는 미국의 중대한 협정위반에 따른)
　　핵확산 위험 또는 자국의 국가안전 보장에 대한 위협이 두드러지게
　　증대하는 것을 방지하기 위해… (재처리, 저장, 제3국 이전 등과
　　관련하여) 동의의 전부 또는 일부를 정지할 수 있다."

12　이 내용은 자민당의 국가전력본부(본부장, 다니가키 사다카즈 谷垣禎一
　　당시 자민당 총재)가 7월 20일 발표한 "일본재흥"(日本再興)이라는
　　제목의 보고서에서 주장한 ① 절전, 에너지 절약 ② 원전가동 유지
　　③ LNG·화력발전의 효율화 ④ 재생 가능 에너지의 보급 촉진을 위한
　　'[에너지]베스트 믹스'론과 중복된다. 경단련(일본경제단체연합회)이
　　7월 14일에 발표한 제언에도 똑같은 내용의 주장이 담겨 있다.
　　일본 지배층 사이에서 '다양한 에너지원'의 하나로 원전을
　　유지시키려는 모종의 '공통전략'이 존재하는 것으로 보인다.

13　태평양전쟁 이후 GHQ 관리 아래 놓인 일본의 경제부흥을 위해
　　실행되었던 경제정책. 당시 기간산업인 철강, 석탄에 자재 및 자금을
　　중점적으로 투입해 두 부문의 상호 순환적 발전을 꾀하는 한편,
　　이를 계기로 전체 산업의 발전을 도모한다는 것이었다. 여기서
　　'경사'(傾斜)란 공업부문의 육성에 필요한 기초적 소재인 석탄과
　　철강의 증산에 모든 경제정책을 집중한다는 의미에서 붙여진 것이다.

14　도쿄전력 자회사인 도쿄전력PR이 운영하는
　　전기관련 과학관 및 홍보시설 - 옮긴이

15　퍼블릭 억셉턴스(public acceptance)의 이니셜. '사회적 합의 형성'을
　　뜻하는 것으로 (공항이나 원자력발전소 건설 등과 같이)
　　시민의 생활에 큰 영향을 주는 문제에 대해 정부나
　　기업이 지역주민의 동의를 얻어내는 일을 말한다.

책을 마치며

후쿠시마 원전 사고와 관련해서, 이 책에 실린 『신문 아카하타』
의 연재 기획기사가 보도된 이후에도 여러 가지 상황들이 벌어지
고 있습니다.

2011년 9월 1일, 노벨상 수상작가 오에 겐자부로(大江健三
郞) 씨를 비롯한 9인의 호소에 힘입어 도쿄 메이지 공원에서 열
린 '안녕, 원전' 집회에는 전국 각지에서 6만여 사람들이 모여들
었습니다. 실로 '원전 제로' '원전 무용(無用)'을 향한 국민적 운동
이 풀뿌리 차원에서 확산되고 있음을 보여주는 것이었습니다. 또
한 '사전공모' 문제와 관련해서 경제산업성 제3자위원회가 9월
30일 발표한 최종보고서에서는 원자력안전·보안원과 자원에너
지청이 관여한 원전 관련 심포지엄 및 설명회에서의 '사전공모'
사례가 7건이나 거론되었습니다.

'원전 찬성·추진' 여론은 사실상 전력회사와 정부가 일상
적으로 주도해 오던 '사전공모'로 인해 조작된 것임에 분명하다

는 사실이 재차 확인된 것입니다. 이러한 분위기 속에서도 원전에 대한 혹독한 여론이 확산되는 것을 두려워하여 '전력부족'을 구실로 원전 재가동을 획책하고 원전의존 정책을 온존·추진하려는 움직임이 정부와 재계, 거대 미디어 등에서 강하게 포착되고 있습니다. 9월 하순, 노다 요시히코 총리는 UN 특별회합에서 한 연설에서 "원전의 안전성을 세계 최고 수준으로 높이겠다"면서 원전의존 정책과 해외수출 정책을 계속하겠다는 선언을 했습니다.

원전을 어떻게 할 것인가—일본의 미래 그리고 정부의 자세와 직결되는 이 중차대한 문제에 대해 원전 추진세력의 반격을 결코 허락지 않는 전국민 차원의 논의에 불을 붙이기 위한 투쟁은 이제부터가 시작입니다.

아울러 원전추진을 고집하는 이익공동체의 면면을 고발하는 한편 '원전 제로'를 실현하기 위해, 풀뿌리에 기반을 둔 운동으로 여론의 다수파를 형성하기 위해 『신문 아카하타』의 역할이 크게 요구되고 있습니다.

『신문 아카하타』는 9월부터 새 기획기사 "원전의 심연"의 연재를 시작했습니다. "제1부 원전 머니의 실태" "제2부 미국의 전략과 일본" "제3부 철저한 반공주의·비밀주의" 등, 원전 추진세력의 여러 가지 정책을 살펴보는 장기연재가 될 것입니다. 이렇듯 『신문 아카하타』는 원전 재가동에 반대하는 전국적 움직임, 방사능 오염으로부터 아이들과 건강을 지키기 위한 운동 등과 같은 국민적 투쟁운동을 결집시킴과 동시에 원전의 진실을 파헤쳐, 일본사회를 원전 제로로 나아가도록 하는 신문으로서, 앞으로도 독자국민의 기대에 부응하는 보도를 해나갈 것입니다.

이 책의 1장은 사회부의 후지사와 다다아키(藤沢忠明) 기자, 2장은 정치부의 에노모토 요시타카(榎本好孝) 기자와 다케시타 다카시(竹下岳) 기자 그리고 3장과 4장은 경제부의 가네코 도요

히로(金子豊弘) 기자, 시미즈 와타루(清水渡) 기자, 나카가와 료(中川亮) 기자, 야마다 히데아키(山田英明) 기자 등이 맡아 집필하였습니다.

아울러 신일본출판사 편집부의 고토 고노미(五島大実) 씨의 적극적인 권유와 노력이 있었기에 이 책이 만들어질 수 있었음을 밝히며, 다시 한번 감사를 드리는 바입니다.

2011년 10월 『신문 아카하타』 편집센터장

곤도 마사오(近藤正男)

원전철폐와 자연에너지의 본격도입을 위한 국민적 토론과 합의를 호소함

2011년 6월 13일 일본공산당

도쿄전력 후쿠시마 원전 사고는 일본을 비롯하여 전세계 사람들에게 큰 충격과 함께 원전에 의존한 에너지정책을 과연 이대로 지속할 수 있을 것인가 하는 중대한 물음을 던지고 있습니다. 그리고 원전으로부터 철수와 자연에너지(재생 가능 에너지)로의 대담한 전환이라는 세계적 흐름 또한 이 사고를 계기로 한층 더 가속화되고 있습니다.

최근 일본 내에서도 각종 여론조사에서 원전의 '축소·폐지'를 요구하는 여론이 과반수를 차지하고 있습니다. 역대정권이 추진해 온 원전 의존적 에너지정책을 이대로 지속시킬 것인지, 발본적인 정책전환이 필요한 것은 아닌지에 대해 전국민 차원의 진지한 토론과 합의형성이 요구되고 있는 것입니다.

일본에서 원자력발전이 문제가 된 것은 1950년대 중반부터인데, 1960년대에 산업용 원전의 가동이 시작되었지만, 일본공산당은 현재의 원전기술이 불완전하며 위험하다고 판단하여 원전건설을 애초부터 단호하게 반대해 왔습니다. 그 이후에도 우리 당은, 중요한 국면마다 정부나 전력업계가 확산시키고 있는 '안전신화'라는 거짓말을 추궁하는 한편, 원전이 지니고 있는 중대한 위험성과 그것을 관리·감독하는 정부의 무책임함에 대해 구체적으로 규명해 왔습니다.

더욱이 후쿠시마 원전 사고가 일어난 후인 5월 17일에는 정부에 제기한 '대지진·원전재해에 즈음한 제2차 제언'을 통해 원전으로부터의 철수를 정치적으로 결단할 것, 원전 제로의 구체적인 기한을 명시한 프로그램을 책정할 것 등을 요구해 왔습니다. 이와 같은 입장에서 우리는 원전으로부터 철수와 자연에너지의 본격적 도입과 관련해서 다음과 같이 제언하고자 합니다.

1 후쿠시마 원전 사고를 통해 밝혀진 것은 무엇인가?

후쿠시마 원전 사고는 발생한 지 3개월이 지났음에도 피해가 계속 확대되고 있는, 지금까지 일본이 경험해 온 재해사상 그 유례를 찾아볼 수 없을 만큼 심각한 재해입니다. 이 사고를 통해 과연 무엇이 밝혀졌을까요.

원전사고에는 다른 사고에서 볼 수 없는 '이질적 위험'이 있다

그 첫번째는, 원전사고에는 다른 사고에서는 찾아볼 수 없는 '이질적 위험'이 도사리고 있다는 것입니다. 다시 말해 일단 중대한 사고가 발생해 방사성물질이 외부로 유출될 경우 이를 억제할 수단이 없는 것은 물론이고 공간적으로 피해가 계속 확산될 위험이 있으며, 시간적으로도 미래에까지 위해를 끼칠 가능성이 있어, 지역사회의 존속 여부마저 위협받게 된다는 사실입니다. 그 피해의 정도를 공간적·시간적·사회적으로 한정한다는 것이 가능하지 않습니다. 따라서 원전사고는 애초부터 다른 것에서 비슷한 사례를 찾아본다는 것 자체가 불가능합니다.

'공간적' 측면에서 보면, 후쿠시마 원전 사고에 따른 방사능 오염은 후쿠시마뿐만이 아니라, 이와테(岩手) 현, 미야기(宮城) 현, 군마(群馬) 현, 이바라키(茨城) 현, 사이타마(埼玉) 현, 치바(千葉) 현, 도쿄 도, 가나가와(神奈川) 현, 시즈오카 현 등 광범위한 지역에서 학교운동장의 토양, 수돗물, 목초, 농작물, 수산물 등에 피해를 끼쳤습니다. 해양오염의 경우, 그 규모가 어느 정도인지 어디까지 확대되어 있는지조차 확실치 않습니다.

'시간적' 측면에서 보면, 방사능 오염이 끼치는 영향은 장기간에 걸쳐 지속됩니다. 그중에서도 우려되는 것은 국민, 특히 그

중에서도 여러 가지 영향에 민감한 어린이들이 입을 건강상의 피해입니다. 방사능에 의한 건강상의 피해로는 급성장해와 만발효과(滿發效果, 방사선에 노출된 뒤 백혈병, 암, 악성빈혈 등과 같은 증상이 수년에서 수십 년이 지난 후 나타나는 방사선 장애-옮긴이) 등이 있으며, 방사선 피폭의 경우 그 양이 아무리 적을지라도 장래에 암 등과 같은 치명적 질병을 일으킬 위험이 있습니다.

25년 전에 일어난 체르노빌 원전 사고조차도 그 영향이 현재진행형이며, 세계보건기구(WHO)는 체르노빌 원전 사고에 의한 암사망자수를 9천 명으로 추산하고 있습니다. 이처럼 방사선 피폭은 인간의 목숨과 건강을 심각하게 위협하는 것입니다.

'사회적' 측면에서 보더라도 원전사고에 뒤따르는 피해는 개인에 대한 위협일 뿐만 아니라 인류사회, 지역사회 그 자체를 파탄시킬 위험성을 지니고 있습니다. 이미 피해지역 12개시·정·촌(市町村)에 피난지시가 내려져 있으며, 자발적 피난의 경우를 포함해서 10만여 명의 사람들이 언제 끝이 날지 모를 피난생활을 강요당하고 있습니다. 이 지역들의 지역사회는 말 그대로 존속 자체가 위협받는 위기로 내몰려 있습니다.

물론 사고를 하루빨리 수습하고 방사선 피해의 확대를 막아, 어린이들을 비롯한 국민 전체의 건강상 피해를 억제하는 한편, 막대한 타격을 입은 지역사회의 재건을 위해 다방면으로 힘을 기울일 것을 우리 당은 강하게 촉구하는 바입니다.

하지만 그와 동시에, 한번 사고가 일어나면 인간사회에 이처럼 유례 없는 '이질적인 위기'를 초래하는 원자력발전이라는 기술이 도대체 사회적으로 허용될 수 있는 기술인지에 대해서도 심각하게 재고해 보아야 하지 않겠습니까.

오늘날의 원자력발전 기술은
본질적으로 불완전하고 위험한 것이다

두번째는, 현재의 원자력발전 기술이 본질적으로 불완전하고 위험하다는 사실입니다. 현재 개발되어 있는 원자로는 어떤 것이든 핵에너지를 뽑아내는 과정에서 막대한 방사성물질='죽음의 재'를 만들어냅니다. 100만 킬로와트의 원자력발전소가 1년 동안 가동될 경우, 히로시마에 투하된 원자폭탄 1천 발 이상에 해당하는 '죽음의 재'가 쌓이게 됩니다.

하지만 인류는 그 막대한 분량의 죽음의 재를, 어떤 사태가 일어나든 원자로 내부에 안전하게 가두어놓을 수 있을 만한 수단을 지금까지 확보하지 못한 상태입니다. 이는 지난 30년 남짓한 기간 동안 각각 그 조건이나 원인은 다르다 할지라도 인류가 스리마일 섬 원전 사고(1979년), 체르노빌 원전 사고(1986년), 후쿠시마 원전 사고(2011년) 등과 같은 중대한 사고를 세 차례나 경험했다는 사실이 증명해 주고 있습니다. 원전이 그 안에 엄청난 양의 '죽음의 재'를 품고 있으며, 언제까지 그 상태를 유지할 수 있을지에 대한 보증이 없다는 사실, 바로 여기에 원전이 가진 중대한 위험성의 본질이 있는 것입니다.

또한 현재 우리나라에서 가동되고 있는 '경수로' 방식의 원자로에는 고유한 약점이 있습니다. 경수로는 운전중에는 물론 정지한 이후에도 계속 냉각수로 노심을 식혀주어야만 간신히 안정이 유지되기 때문에, 냉각수가 없어지면 바로 노심이 녹아버려 통제 불능 상태에 빠지게 됩니다. 다시 말해 냉각수가 없어질 경우, 자체적으로 그 문제를 해결하고 원자로를 안정화시키는, 원자로 고유의 안정성을 가지고 있지 못하다는 것입니다.

이와 같은 경수로의 구조적인 문제점은 스리마일 섬 원전 사고에서 현실적으로 드러났는데, 사고 후 작성된 미국의회 보고서에서도 경수로 고유의 결함으로 지적되고 있던 문제였습니다. 이것이 이번 후쿠시마 원전 사고에서는 더욱 심각한 형태로 나타나게 된 것입니다.

더욱이 '사용 후 핵연료'의 처리방법을 전혀 찾을 수 없다는 것 또한, 현재의 원자력발전 기술이 지닌 크나큰 약점입니다. 정부는 아오모리 현 롯카쇼 무라에 건설한 재처리공장에 전국의 원자력발전소에서 나오는 '사용 후 핵연료'를 모아들여 '재처리' '재이용'할 계획을 세우고 있었습니다. 하지만 이 시설은 원전 이상으로 기술적인 면에서 불완전하고 위험하며 실제로도 많은 사고를 일으켰던 까닭에, 앞으로 가동할 수 있을지 그 전망 자체가 지극히 불투명합니다. 설사 임시적으로 가동시킨다 하더라도, 그 결과로 발생하는 '고레벨 방사성 폐기물'을 어떻게 처분할 것인지에 대해서는 누구도 해답을 제시하지 못하고 있는 상황입니다.

재처리공장이 가동되지 않고 재처리공장 속의 '저장풀'에 있는 사용 후 핵연료도 거의 가득 차 있기 때문에, 현재 원전으로부터 나온 사용 후 핵연료는 각 원전에 있는 '저장풀'에 저장해야 하는 상황입니다만, 앞으로 몇 년만 지나면 이 같은 임시방편조차 취할 수 없게 되는 원전이 적지 않습니다. 게다가 이 '사용 후 핵연료'의 저장풀도 계속 냉각을 시켜줘야 하는데, 만약 그것이 불가능해질 경우 결국 방사능 오염의 발화점이 된다는 사실을 이번 후쿠시마 원전 사고는 구체적으로 보여주고 있습니다.

이와 같은 원자력발전의 기술적 불완전성과 위험은 오늘의 원자력기술이 거쳐 온 불행한 역사에 그 근원을 두고 있습니다. '경수로'는 핵잠수함의 동력으로 개발된 군사기술의 산물이었습니다. 우리는 애초부터 안전에 대한 부분을 등한시하는 군사용 장비로 개발되었던 핵잠수함용 원자로가 뭍으로 끌어올려져 상업용 원전으로 탈바꿈했다는 사실에 이 원자로가 지니고 있는 위험성의 역사적 근원이 있다는 사실을 지적하지 않을 수 없습니다.

막대한 양의 방사능을 원자로에 담아놓고 언제까지 그 상태가 안정적으로 유지될지 어떤 보증도 없는 상황에서, 방사성 폐기물의 처리방법에 대해서조차 전혀 예측할 수 없다는—이처럼 본질적으로 불안정하기 짝이 없는 기술을 계속 사용해도 좋을 것인지, 근본적 의문이 제기되고 있습니다.

세계적인 지진·지진해일 위험국가에 빼곡하게 들어서 있는 원전, 그 위험성

세번째로, 이런 위험성을 가진 원전이, 대표적인 지진 위험국가이자 세계에서도 손꼽히는 지진해일 위험국가인 일본에 집중적으로 건설되어 있는 것은 위험하기 짝이 없다는 사실입니다. 지진 등 외부요인으로 인한 원전의 대형 사고는 내부요인에 의한 사고보다 작게는 몇 배, 크게는 열 배 이상이나 높은 발생확률을 가지고 있다는 연구결과도 있습니다. 일본에서 일어나고 있는 원전 의존의 위험성은 국제적으로 보아도 특히 심각한 문제임에 틀림없습니다.

정부는 도카이 지진 진원지의 바로 위쪽에 건설되어 있는 하마오카 원전을 일시적으로 정지시켰습니다. 하마오카 원전이 지진 및 지진해일과 관련해서 위험성이 매우 높은 원전이라는 것은 명확한 사실인바, 일시정지가 아닌 폐쇄를 시켜야 마땅할 것입니다.

그렇다면 그 밖의 원전들은 지진이나 지진해일과 관련해서 덜 위험하다고 할 수 있을까요. 정부는 후쿠시마 제1원전이 진도 6 이상의 지진에 피해를 입을 수 있는 확률에 대해 0.0%라고 평가하고 있었습니다. 하지만 실제로는 진도 6강의 지진이 원전을 덮친 후 지진해일에 피해를 입기도 전에 이미 후쿠시마 원전은 크게 파괴되어 버렸다는 것이 밝혀졌습니다. 동일본 대지진을 계기로, 지금까지 제시된 지진이나 지진해일의 위험성에 관한 전문적인 식견에 대해서도 재검토할 필요가 있다는 의견이 학계에서 나오고 있습니다.

'지진예지연락회'(地震予知連絡会)에서 활동하고 있는 도쿄대학 명예교수 시마자키 구니히코(島崎邦彦) 씨는 "우리는 일본해구(日本海溝)에서 매그니튜드 9급의 지진이 결코 일어나지 않을 것이라 속단하고 있었습니다. … 이번 지진으로 인해 이제까지의 지진학의 구조와 사고체계를 바꾸어야 한다는 것을 알게 되었습니다"라고 말했습니다. 또 지진예지연락회의 모기 키요오(茂木清

夫) 전 회장(도쿄대학 명예교수)은 "[우리의 예상규모를 뛰어넘는 지진이] 지금까지 없었다고 해서 앞으로도 그럴 것이라 장담할 수는 없다는 것을 이번 지진을 겪으면서 알게 되었다. … 지진 자체나 그로 인해 일어나는 파괴의 양상에 대해 아직 잘 모르고 있는 부분이 많다. 원자로는 그 본체가 튼튼하다 할지라도 복잡한 배관이나 장치들로 이루어져 있는 복합체다. 약한 부분에 힘이 집중되면 어떤 일이 일어날지 알 수 없다. 절대 괜찮다는 따위의 말은 할 수 없다"고 경고하고 있습니다.

지금도 여전히 지진에 대한 우리의 과학적 식견은 원전 개개의 지진과 관련한 위험성을 과학적으로 완벽하게 평가할 수 있는 수준에까지 와 있다고 볼 수 없습니다. 일본열도 어디에도 대지진이나 지진해일의 위험성으로부터 자유로운 '안전지대'는 없습니다. 현재 일본에 건설되어 있는 원자력발전소 가운데 대규모 지진이나 지진해일에도 끄떡없다고 단언할 수 있는 원전은 단 한 군데도 없습니다. "절대로 괜찮을 것이라는 말은, 결코 할 수 없다"는 것입니다.

'안전신화' 고집의 심각한 결과는 명확하다

네번째로, 역대정권이 전력업계의 경영진과 함께 "일본의 원전은 안전하다"는 안전신화에 집착한 나머지, 되풀이되는 경고를 무시한 채 사고에 대비하지 않았던 것이 얼마나 심각한 결과를 가져왔는지 이제 명확하게 드러났습니다.

'안전신화'는 일본의 원자력 행정이 첫걸음을 내디뎠던 바로 그 순간부터 심각한 병폐로 작용했지만, 무엇보다도 스리마일 섬 원전 사고, 체르노빌 원전 사고 같은 두 건의 과혹사고가 던져준 교훈에서 일본정부가 아무것도 배우지 못했다는 사실은 대단히 심각한 문제입니다. 이 두 건의 과혹사고를 거치면서 1988년 국제원자력기구(IAEA)는 "원자력발전소를 위한 기본 안전원칙"을 각국에 권고한바, 과혹사고의 확대 방지대책을 마련하고 그와 동시에 과혹사고가 일어났을 경우 적절한 대책을 취해 대량의 방사능 유출에 따른 피해를 줄여야 한다고 호소했습니다.

하지만 일본정부가 이 권고를 무시하고 "일본에서는 과혹사고가 일어날 리 없다"면서 안전신화를 고집하는 방침을 결정(1992년 원자력안전위원회)함에 따라, 일본에서는 과혹사고를 방지하기 위한 대비는 물론이고 과혹사고가 일어났을 경우 그 영향을 최소화하기 위한 대비도 전혀 마련해 놓지 않았습니다.

일찍이 우리 당이 국회질의에서 후쿠시마 원전을 지목하며 대규모 지진과 지진해일이 동시에 발생해 피해를 입히게 될 경우 '전전원상실'(全電源喪失)이 일어나 노심이 녹아버릴 위험성이 있다는 점을 지적하면서 개선을 요구했음에도 불구하고, 정부는 아무런 조치도 취하지 않았습니다. 결국 이 같은 정부의 자세는, 원전사고가 일어나고 사고 이후의 대응에서도 수많은 문제점이 드러나게 되는 원인이 되었습니다. '안전신화'로 국민을 속여왔던 역대정권의 책임이 크다 하겠습니다.

우리 당은 정부가 지금까지의 원자력 행정에 대해 진지하게 반성하면서 '안전신화'를 뿌리째 뽑아내고, 원전사고의 위험을 최소화하기 위해 최대한 심사숙고하고, 신속하게 가능한 모든 조치를 취할 것을 강력히 요구하는 바입니다.

안전한 원전 따위, 있을 수 없다

지금까지 언급한 내용들과 함께 다음의 내용 또한 강조하지 않을 수 없습니다. 다름아니라 '안전신화'를 뿌리째 뽑아내고 원전사고의 위험을 최소화하기 위해 최대한의 조치를 취했다 하더라도 안전한 원전이란 결코 있을 수 없으며, 대형사고의 가능성 역시 배제할 수는 없다는 사실입니다.

안전신화를 없앤다는 것은 곧 원전의 위험성을 인정한다는 것이며, (확률의 높고 낮음은 별개로 하더라도) 과혹사고가 발생할 가능성을 부인하지 않는다는 것과 다름없기 때문입니다. 이 점은 IAEA 자체가 과혹사고가 일어났을 경우를 상정한 대책을 요구하고 있다는 데서도 잘 드러나고 있습니다.

정부가 이번 후쿠시마 원전 사고를 교훈으로 삼아 이런저런 대책을 세웠던 것을 내세우며 "이로써 원전이 안전해졌다"는 식의 선언을 반복한다면, 또다시 새로운 '안전신화'의 오류 속으로 빠져 들어가게 될 것입니다. 그 어떤 기술도 역사적·사회적 제약으로부터 자유로울 수 없습니다. 아울러 '절대 안전'이란 있을 수 없습니다.

그중에서도 특히 현재의 원전은, 이미 보아왔던 것처럼 본질적으로 불완전하며 위험하기 짝이 없습니다. 그리고 일단 중대한 사고가 일어나게 되면 그 어디에서도 비슷한 예를 찾아볼 수 없는 '이질적인 위험'이 생겨난다는 사실 또한, 지금 우리는 충분히 경험하고 있는 바입니다.

안전한 원전이란 있을 수 없습니다. 일단 사고가 일어나면 결코 돌이킬 수 없는 사태를 몰고 오는 원전을, 더욱이 지진·지진해일의 위험에 상시적으로 노출되어 있는 이 나라 일본에서 우리 일본국민들이 과연 사회적으로 허용해야 하겠는가. 현재의 원전과 일본사회는 공존할 수 있을까. 이것이 바로 오늘날 후쿠시마 원전 사고가 우리에게 던져주고 있는 물음인 것입니다.

2   원전 철폐를 결단하고 '5~10년 내에 원전 제로' 프로그램을

후쿠시마 원전 사고를 통해 밝혀진 사실들에 입각해서, 우리 당
은 다음과 같은 사항을 제안하는 바입니다.

원전에서 철수를 정치적으로 결단하자

일본의 에너지를 원자력발전에 의존한다는 정책을 폐지하고 '원
전 제로 일본'을 지향하는 정치적 결단을 실행하는 것입니다.

　　원전 철폐를 어느 정도의 기간에 걸쳐 실행할 것인지, 일본
의 에너지를 어떻게 할 것인지 등의 문제는 국민적 토론을 거쳐
결정해야 하겠지만, 우선 필요한 것은, 국민 다수가 원전으로부
터 철수라는 큰 방향을 합의해 내어서 정부가 결단을 내리도록
촉구하는 것입니다.

5~10년을 목표로 원전에서 철수하는 계획을 수립하자

일본공산당은, 정부가 5~10년을 목표로 하고 원전 철폐 프로그
램을 수립할 것을 제안하는 바입니다.

　　앞에서 말한 대로 일본에서 원자력발전을 지속시킨다는 게

얼마나 심각한 위험성을 안고 있는지를 생각한다면, 한시라도 빨리 원전 철폐를 실행에 옮겨야 합니다. 이와 동시에 전력부족 때문에 일어날 수 있는 사회적 리스크와 혼란을 반드시 피해야 합니다. 또 이산화탄소 등의 온실효과 가스로 인한 지구 온난화를 방지하는 것은 전인류의 과제이기도 한 까닭에, 화력발전으로 대체 같은 안이한 발상은 제외되어야 할 것입니다.

그러므로 자연에너지의 본격적 도입과 저(低)에너지 사회로의 전환을 기본 방향으로 해서 여러 가지 지혜와 역량을 총동원하고 최대한 서둘러야 할 필요가 있습니다. 바로 이러한 입장에서 일본공산당은 5~10년을 목표로 한 철폐 프로그램을 세울 것을 제안하고 있는 것입니다.

일본의 총발전량(기업 등의 자가발전 포함)에서 원자력발전이 차지하는 비율은 25.1%(2009년 현재)입니다. 예를 들어 앞으로 5년 내지 10년 동안 전력소비량을 10% 정도 줄이고 현재의 총발전량에서 약 9%(대규모 수력발전을 제외하면 1% 정도)를 차지하고 있는 자연에너지의 발전량을 2.5배 정도 끌어올린다면, 원자력발전의 발전량을 충분히 커버할 수 있다고 봅니다.

현재, 원자력발전을 제외한 총발전량은, 버블경제라 일컬어지던 1990년의 원전을 포함한 총발전량과 동일한 수준입니다. 또 현시점에 일본에 있는 원전 54기 가운데 가동되고 있는 것은

3분의 1에 불과합니다. 여름철 전력소비가 최고조에 이르는 시기에 대한 대응책은 당연히 필요하겠지만, 그렇다 하더라도 원전 철폐가 무리한 과제는 아닙니다.

　우리가 원전으로부터 '철수'한다는 결단을 내릴 때 비로소 자연에너지의 개발과 보급 그리고 저에너지 사회를 향한 본격적인 시도를 해나갈 수 있을 것입니다.

'원전 제로'를 목표로 원전 축소에 착수하자

새로운 원전의 증설계획을 중단·철회하는 동시에, 위험성이 특히 높은 원전의 폐쇄를 즉각 결단해서 실행해야 할 것입니다.

후쿠시마와 하마오카 원전의 원자로를 폐쇄하고, 플루토늄 순환방식에서 벗어난다.

　후쿠시마 제1, 제2 원전은 원자로를 모두 폐쇄하는 겁니다. 도카이 지진의 진원지 바로 위쪽에 있는 하마오카 원전은 일시정지가 아니라 영구 정지시켜, 원자로를 폐쇄해야 합니다. 아오모리 현 롯카쇼 무라의 '재처리시설'을 폐쇄하고 고속증식로 '몬주'의 원자로를 폐기하고, 나아가 플루토늄을 연료로 하는 플루서멀을 중지시켜 플루토늄 순환방식에서 즉각 철수해야 합니다.

노후화된 원전의 위험한 '연명'(延命)을 중지하고, 원자로를 폐쇄한다.

원전을 설계하면서 상정하는 수명은 보통 30~40년 정도입니다. 그런데 일본에 있는 원전 54기 가운데, 가동을 시작한 지 이미 40년이 넘은 원전이 3기(쓰루가 1호, 미하마 1호, 후쿠시마 제1발전소 1호)이며 30~40년이나 된 원전도 무려 16기에 이르는 실정입니다. 세계적으로 원전의 원자로가 폐쇄되기까지 평균연수는 22년입니다. 이 점에서만 보더라도, 위험하기 짝이 없는 노후화된 원전의 '연명' 조치를 즉각 중지하고, 원자로를 폐쇄해야 합니다.

주민합의를 얻지 못한 원전은 정지시키고 폐쇄한다.

후쿠시마에서 일어난 사고는 전국적으로 원전이 들어서 있는 지역의 주민들과 지자체에 큰 충격을 주고 있습니다. 사실 어느 정도 규모의 지진과 지진해일을 '상정'하고 설계되었는지를 비롯해서, 각각의 원전이 지닌 잠재적인 위험성과 그 대책은 무엇인지 등을 주민들에게 정확하게 설명하는 일은 정부와 전력회사의 가장 기본적이고도 시급한 책무입니다. 또 '안전신화' 때문에 원자력발전소 주변의 지자체에서는, 후쿠시마에서 현실적으로 드러났던 20킬로미터 권역, 30킬로미터 권역 내 주민들의 피난이나 옥내대피 등을 상정한 방재 계획과 훈련이 전혀 이루어지지 않고 있습니다. 이러한 사고가 현실에서 일어났을 때 주민은 어떻게 해야 하고 피난은 가능할지 등에 대해서도 면밀하게 검토해서 확실한 대응책을 세워두어야 합니다. 현재 정기점검중이거나 지진·지진해일 때문에 가동이 중단되어 있는 원전과 관련해서, 해당 지자체의 수장들은 "후쿠시마 원전 사고의 원인과 교훈이 반영된 기준에 따라 마련한 안전심사·대책강화 없이는, 재가동을 승인할 수 없다"는 입장표명을 잇따라 내어놓고 있습니다. 이와 같은 문제들을 포함해서, 현지주민들의 합의를 이끌어내지 못할 경우 그 원전은 가동을 정지시키고 원자로를 폐쇄합니다.

위기의 최소화를 위해 원자력 규제기관을 설립하자

일본 각지의 원전을 운행 정지시키고 원자로를 폐쇄하기까지는 일정 정도의 시간이 필요합니다. 그 기간 동안 사고의 위험을 최소화하기 위해서 가능한 한도 내에서 최대한의 안전대책을 세워야 할 것입니다. 동시에 이를 실행할 수 있는 강력한 권한과 시스템을 갖추되, 원전추진 기관으로부터 완전히 분리·독립된 규제기관을 지체 없이 설립해야 할 것입니다. 이를 위해 일본의 전문가, 기술자 역량을 총결집해야 합니다.

　　원전은 운행이 정지된 후에도 원자로를 폐쇄하기까지 20년
정도 걸리는 것으로 알려져 있습니다. 그 과정에서 방사능이 외
부로 유출되지 않도록 최대한 노력할 필요가 있습니다. 나아가
'사용 후 핵연료'의 처리기술을 확립해서 처리작업이 종료될 때
까지 상당히 오랜 기간 동안 핵폐기물을 환경으로부터 엄중하게
격리시키고 감시해야 할 것입니다. 이런 차원에서도, 강력한 권
한과 시스템을 갖춘 규제기관의 설립은 반드시 필요합니다.

　　아울러 원전 철폐 후에도 장기적인 시각에서 인류의 미래
를 전망하고 원자력의 평화적 이용을 지향하는 기초연구는 계
속 발전시켜 나가야 할 것입니다.

3 　자연에너지의 본격적 도입과 저(低)에너지 사회를 향한
　　국가적 차원의 대응

원전 철폐와 병행해서, 자연에너지를 본격적으로 도입하고 저에
너지 사회를 향해 국가적 차원에서 대응해 갈 수 있도록 하겠습
니다.

자연에너지의 커다란 가능성에 도전하자

일본의 자연에너지는 커다란 가능성을 가지고 있습니다.

현재의 기술수준이나 사회적 제약 등을 고려해서, 실제 에너지로 활용할 수 있는 자원의 양(발전가능량)은 태양력, 중소(中小)수력, 지열, 풍력만으로도 20억 킬로와트가 넘는 것으로 추정됩니다(환경성 등의 통계). 이 양은 일본에 있는 발전설비의 전력 공급 능력의 약 10배, 원전 54기의 발전능력의 약 40배입니다. 원전의 발전능력은 모두 합쳐 4885만 킬로와트입니다만, 태양전지 패널을 전국적인 규모로 공용시설이나 공장, 경작을 포기한 농경지 등과 같은 저(低)·미 이용지에 설치한다면 1억~1억 5천만 킬로와트, 해상풍력발전으로는 6천만~16억 킬로와트의 발전 가능량을 확보할 수 있는 것으로 추산되고 있습니다. 이런 풍부한 가능성을 현실적 에너지로 실용화하는 시도를 추진할 것입니다.

자연에너지를 활용한 전세계의 발전설비용량 총합은 2010년 현재 3억 8100만 킬로와트로, 이미 원전의 발전용량(3억 7500만 킬로와트)을 넘어서고 있습니다. 2022년까지 원자력발전을 모두 폐쇄하기로 한 독일은 전체 발전량에서 자연에너지가 차지하는 비율을 현재의 16%에서 2020년까지 35%, 2050년까지 80%로 늘린다는 '에너지 기본계획'을 각료회의 결정으로 통과시켜

놓고 있습니다.

일본의 자연에너지 기술은 세계적으로도 뛰어난 수준이며, 이러한 일본의 기술을 이용해서 일본보다 훨씬 앞선 자연에너지 활용단계에 접어들어 있는 나라들도 적지 않습니다. 앞으로 5년에서 10년 사이에 총발전량의 25%를 차지하고 있는 원전의 발전량을 제로로 만들고, 자연에너지로의 대체 및 저에너지 사회로 진입을 통해서 총발전량의 20~30% 정도를 자연에너지로 전환시킨다는 목표는, 현재 일본의 기술 수준을 고려해 보더라도, 또 전세계 곳곳에서 자연에너지로의 전환이 적극적으로 이루어지고 있는 추세인 점에서도 결코 불가능한 일이 아닙니다.

오늘날 일본이 직면하고 있는 문제는 전력수요도, 온실효과 가스의 대책도 그저 원자력발전에만 의존해서 해결해 온 잘못된 정치에서 그 큰 원인을 찾을 수 있습니다. 최근 5년 동안 원자력 대책에는 2조 엔 이상의 세금이 투입되었습니다만, 자연에너지에 편성된 예산은 6500억 엔도 채 되지 않습니다. 예산편성에서도 중점 시책으로 그 위치를 재설정하고, 산업계와 학계 등 민간과의 협력체제 또한 강화하는 등, 국가적 차원에서의 대응이 강하게 요구되고 있다 하겠습니다.

새로운 일터와 고용을 창출하는 본격적 대응

자연에너지를 본격적으로 도입하게 되면, 에너지 자급률을 높일 뿐 아니라 새로운 일터와 고용을 창출해서 지역경제를 활성화시키고 내수 중심의 견실한 일본경제로 나아가는 데도 크나큰 힘을 발휘하게 될 것입니다.

현재 대기업에서부터 중소기업, 심지어 NPO법인에 이르기까지 다양한 사업자들이 자연에너지 사업에 뛰어드는 움직임이 빠른 속도로 확산되고 있습니다. 자연에너지가 도입되면 그 지역에 고유한 에너지를 활용하기 위한 소규모 사업들이 상당히 많이 필요하게 될 터이므로, 일터와 고용 창출 면에서도 효과가 매우 클 것입니다.

이와 관련해서는 '지역진흥'의 차원에서 태양열, 소규모 수력, 나무재질의 바이오매스, 풍력 등의 자연에너지 개발을 추진하여 전력 자급률을 현재의 27%에서 비약적으로 높이는 성과를 거두고 있는 고치 현 유스하라 쵸(檮原町)나 전력자급률 160%를 달성한 이와테 현 구즈마키 마치(葛巻町)와 같은 선진적 사례들도 생겨나고 있습니다.

이미 원전이 들어서 있는 지자체에서도 선진적인 자연에너지를 개발해 나가고, 새로운 일터와 고용을 창출하는 것 또한 필요합니다. 현재 원전입지 지자체에 지급되고 있는 교부금 등을 이러한 활동을 지원하는 쪽으로 개선하여, 자연에너지 개발과 지역의 고용창출을 촉진시키겠습니다.

자연에너지를 이용한 전력의 매입제도를 개선하여, 고정가격으로 전량 매입토록 해나겠습니다. 풍력발전으로 일어날 수 있는 건강피해 등의 문제점을 미연에 방지하는 환경기준을 설정한다든가 환경평가를 실시하는 등과 같은 대책도 마련하겠습니다.

저에너지 사회를 향하여:
에너지 소비형 사회로부터 전환

에너지 소비의 축소에서 열쇠는 다름아니라 '대량생산, 대량소비, 대량폐기' '24시간형 사회' 등으로 대변되는 '에너지 소비사회'를 그 근본에서부터 재검토하는 것입니다.

오늘날 일본사회는, 공장에서 주야간 교대로 연속작업이 이루어지는 등 온갖 분야에서 한밤중까지 일을 시키는 분위기가 만연해 있습니다. 민간부문은 말할 것도 없고 공공부문에서도 늦은 밤까지 서비스를 제공하는 것이 소비자의 요구에 부응하는 바람직한 사업자의 자세인 것처럼 받아들여지고 있습니다. 한밤중까지 일하는 사람이 늘어나면 상업이나 교통 등의 야간 서비스 또한 확대되고, 그만큼 심야노동과 에너지 소비도 늘어나게 마련입니다. 한마디로 장시간노동, 심야노동, 불규칙한 근무 등과 에너지 소비증대의 악순환인 것입니다. 이런 사회적 상황을 개선하는 것은 저에너지 사회로 전환하는 데도 반드시 필요합니다.

저에너지 사회란 결코 '인내를 강요하는 사회'를 의미하지 않습니다. 인간다운 노동양식과 진정으로 여유 있는 생활을 실현하는 것이야말로 저에너지 사회를 향한 커다란 첫걸음이기 때문입니다.

4 '원전 철폐'를 중심으로 공동전선을 확대하자

후쿠시마 원전 사고를 경험하고, 일본을 비롯하여 세계 곳곳에서 원전 철폐를 요구하는 목소리가 크게 확대되고 있습니다. 독일정부는 2022년까지 원전의 전면철폐를 결정했으며, 현재 전체 발전량의 40%를 원전에 의존하고 있는 스위스도 철폐를 결의했습니다.

대형 사고를 일으킨 당사국인 일본은 어떻게 할지, 세계가 주목하고 있습니다. 민주당정권은 "최고 수준의 원자력 안전을 목표로 해서 노력을 경주하겠다"는 언급만 할 뿐, 원전 철폐는커녕 축소하는 방향으로 나아갈 기미조차 보이지 않고 있습니다. 지금까지 원전을 추진해 온 자민당이나 공명당도 정부의 사고 이후 대응을 요모저모 추궁하면서 정쟁의 구실로 삼으려고만 할 뿐, 국민을 기만해 온 '안전신화'를 반성한다든가 앞으로 원전과 에너지 정책을 어떻게 실시하겠다는 대안을 제시하려는 자세를 전혀 보이지 않고 있습니다.

후쿠시마 원전의 대형사고 그리고 후쿠시마 현민들을 비롯한 온 국민이 입은 막대한 피해, 엄청난 규모의 경제적 손실을 눈앞에서 보면서도 여전히 원전과 '안전신화'에 집착하고 있는, 이런 세력을 사방에서 포위해서, 즉각적인 원전 철폐와 에너지 정책의 방향전환을 실현하기 위해서는 지금이야말로 전국민적인 여론과 운동을 활성화시키는 것이 절실합니다.

현재 상당수 국민들 사이에서는 이대로 원전을 계속 두어도 되겠는가 하는, 실로 진지한 모색과 탐구가 확산되고 있습니다. 젊은 세대를 포함하여 광범위한 사회구성원들이 목소리를 드높이는 새로운 운동의 물결이 일어나고 있습니다. 원전 철폐를 요구하는 국민적인 여론과 운동의 힘으로, 역사적 전환을 실현할 수 있는 조건과 가능성이 나날이 커져가고 있는 것입니다. 지금이야말로 국민들 속에서 대화와 연대를 확산시켜 '원전 철폐'

를 중심으로 한 국민적 합의를 형성해야 할 때가 아니겠습니까.

일본공산당은 그동안 일관되게 원전 건설을 반대하고 '안전 신화'를 고발하고 원전에 의존한 정책에서 벗어날 것을 끈질기게 요구해 온 정당으로서, 나아가 원전 건설을 반대하고 안전을 요구하는 광범위한 주민들과 전국 각지에서 연대를 해온 정당으로서, 원전 철폐를 결단하고 자연에너지의 본격적 도입을 촉구하는 국민적 운동의 선두에 서서 투쟁할 것입니다.

옮긴이의 말

"예? 뭐라고요? 죄송하지만 다시 한번 말씀해주시겠습니까?"

국제금융 위기로 인한 경기침체 타개의 대안으로 오바마 미국대통령이 그린 뉴딜(Green New Deal)의 추진을 발표한 이후, 잠시 태양광, 태양열, 지열, 풍력, 수력 등과 같은 '자연에너지 개발'이 국제사회의 핵심 이슈로 부상했던 2009년 10월. 8월 말 치러진 중의원 총선거를 통해 '54년 만의 정권교체'에 성공한 민주당의 하토야마 유키오(鳩山由紀夫)가 총리취임 직후부터 의욕을 보인 이른바 '청정에너지 활용 증대'와 관련, 경제산업성(経済産業省) 산하 자원에너지청에 취재를 요청하는 과정에서 이루어진 직원과의 통화에서, 나는 내 귀를 의심할 수밖에 없었다.

어차피 때에 따라서는 언론취재에 매우 비협조적인 경우도 없지 않은 일본 정부부처 취재를, 기자클럽을 거치는 기존의 관례에 따르지 않고 요청했던 까닭에 어느 정도 각오는 하고 있었다지만, 아예 처음부터 거절도 하지 않은 상태에서 매번 연락할 때마다 "취재에 대응할 담당자를 정하는 일" 등에 시간이 필요하다며 차일피일 시간을 끌어온 것만 열흘 이상. 아무래도 취재를 진행하기 힘들겠다 싶어 "취재를 하기 힘들다는 것인가, 거절해도 상관없으니 정확한 입장표명을 부탁한다"고 했던 필자의 말에 "어떤 입장도 표명하기 곤란하다"는, 실로 납득하기 어려운 대답이 돌아왔던 것이다.

엄연히 '혼네'(本音)와 '다테마에'(建前)가 존재하는 일본사회에서도, 특히 자신들의 의사를 거의 정형화되다시피 한 스타일에 따라 에둘러 표현하기로 유명한 일본 관료사회의 특성을 감안하더라도, 좀처럼 이해가 되지 않는 일이었다.

그러한 자원에너지청의 기도 안 차는 대응이, 결국 "일본에서 진정한 의미에서의 청정에너지란 원전뿐이며, 자연에너지는 어디까지나 보조적 역할을 수행할 뿐"이라는, 1954년 당시 중의원으로 정국을 주도했던 나카소네 야스히로(中曽根康弘) 전 총리를 중심으로 보수 3당(자유당, 개진당, 일본자유당)이 일본 최초의 원자로 예산을 책정했던 그 순간부터 지속되어 온 입장에서 비롯되었다는 사실을 아는 데는 그리 오랜 시간이 걸리지 않았다. 애초부터 '정책의 기조' 자체가 없으니, 어떤 언급도 하기 힘든 것은 당연한 일이었겠지. 그로부터 정확히 15개월 후인 2011년 3월 12일, 원전과 관련한 일본정부의 이와 같은 '근거 없는 자신감'을 뿌리째 뒤흔드는 후쿠시마 제1원전 사고가 일어났다.

아마도 그해 여름이었을 것이다. 지진해일로 인한 물류대란이 한바탕 일본열도를 휩쓸고 지나간 뒤, 당시 『신문 아카하타』에서 일하고 있던 동료 저널리스트가 필자와 함께 도쿄 한복판을 걸어가다 을씨년스러운 분위기마저 느껴지는 거리 풍경을 바라보며 말했다. "언젠가는 반드시 이런 일이 일어날 거라고 우리가 얼마나 경고했는데…"

일본저널리스트회의(JCJ) 사무국장인 아베 히로시(阿部裕) 씨로부터 "원전을 둘러싼 '어둠' 속을 비집고 들어가, 그 실체를 백일하에 드러낸 집념의 결정체"라는 찬사를 받은 『일본 원전 대해부』

는 그 제목을 보아도 알 수 있듯, 세계 유일의 피폭국가인 일본을 미국, 프랑스에 이에 세계 3위 원전대국의 자리로까지 끌어올린 '어둠의 세력'(한국에서는 흔히 '원전 마피아'로 불리는) 바로 '원전 이익공동체'의 실체와 야망을 '극단적 대미종속 시스템'과 '재계 중심의 룰(rule) 없는 자본주의'라는 두 가지 척도를 가지고 진보정치적 관점에 추적한 르포르타주이다.

일본사회의 사실상 유일한 '진보언론'으로, 2011년 3월의 동일본 대지진과 후쿠시마 제1원전 사고의 진상을 시종일관 '있는 그대로' 보도했으며, 이후 원전 재가동을 추진하는 세력에 의해 벌어진 '규슈전력 사전공모 메일 사건'을 특종으로 폭로하기도 했던 일본공산당계 신문 『신문 아카하타』 편집국이, 정치·경제·사회부의 인원이 모두 동원된 입체적 취재를 통해 연재했던 특집기사를 보충·정리, 2011년 10월과 2012년 2월 각각 엮어낸 두 권의 책들 중 첫번째 권인 『일본 원전 대해부』는, 애초에 군사적 목적으로 만들어진 미국산 원자로가 상업용 원자로로 탈바

꿈, 일본에 도입된 경위와, 뒤이은 원전 이익공동체의 암약에 힘입어, 원전이 일본 에너지정책의 맹아로 성장하게 되는 과정에 대해 과감하고도 날카롭게 조명하고 있다.

『일본 원전 대해부』는 후쿠시마 제1원전 사고를 단지 사고 지역의 참상을 감상적으로만 바라보거나, 선정적 타이틀을 내걸고는 있지만 사실상 도쿄전력과 일본정부(단지 민주당 정권기)의 미흡했던 위기관리에만 초점을 맞춤으로써 거시적 통찰을 놓쳐버리는, '원전 이익공동체'를 학계와 일부 전문가집단으로 한정시켜 바라보거나 추상적 논리에 무리한 비약까지 포함시킨 주관적 '시스템론'을 제기하는, 혹은 구미(歐美)의 이상적 상황 혹은 단편적 관련지식들을 소개하는 데 그쳐버리는 기존의 후쿠시마 제1원전 사고 혹은 탈핵(脫核) 관련 서적들의 한계를 극복하고, 한국도 결코 자유롭다고 말할 수 없는 원전의 위협과 원전 마피아의 전횡(專橫)이라는 '시대적 상황'에 대해 명확히 이해할 수 있도록 도와주며, 자연에너지를 활용하는 저(低)에너지 사회로의 진입을 위한 대책에 대해, 지난 7월 참의원선거를 통해 일본의 제3당으로 떠오른 일본공산당의 제안을 소개함으로써 보다 구체적이면서도 현실적으로 생각해 볼 수 있는 계기를 제공해 줄 것이다.

아울러, 지나치게 전문적이거나 현학적인 용어 등을 남발하지 않는 평이한 문체와 일반독자들에게 좀더 쉽게 다가가면서도, 철저한 조사와 검증을 거친 팩트(fact)에 기초한 서술로, 관련 활동가나 전문연구자들에게는 훌륭한 레퍼런스(reference)의 기능 또한 수행해 줄 것으로 기대된다.

『일본 원전 대해부』를 번역·출판하는 과정에서 한일 양국의 많은 분들에게 신세를 졌다. 진보정치를 매개로 한 한일 두 나라 국민의 교류와 정보공유 그리고 탈핵을 위한 연대라는 차원에서 필자의 작업을 후원해 주신 시이 가즈오(志位和夫) 일본공산당 중앙위원회 위원장과 늘 따뜻한 격려를 아끼지 않으셨던 오가타 야스오(緒方靖夫) 일본공산당 중앙위원회 부위원장(부당수), 선배 저널리스트로서 수십 년에 걸친 『신문 아카하타』 영미권 특파원 생활을 통해 축적된 경험을 바탕으로 많은 가르침을 주셨던 모리하라 기미토시(森原公敏) 일본공산당 중앙위원회 국제위원회 사무국장, 처음 필자에게 『일본 원전 대해부』를 소개해 주시고, 언제나 가장 가까운 자리에서 필자가 능력에 부치는 막중한 책임에 힘겨워하는 순간마다 형제의 무한한 사랑으로 용기를 북돋아주신 다도코로 미노루(田所稔) 신일본출판사 대표이사 사장 겸 편집장, 좋은 책을 써주시고 바쁜 일과를 쪼개어 책의 한국어판 서문까지 보내주셨던 『신문 아카하타』 편집국 여러분, 다른 듯 너무도 닮아 있는 한일 두 나라의 현실을 사회과학적으로 바라보는 데 있어서, 만날 때마다 예닐곱 시간에 걸친 대화를 통해 사실상의 개인지도를 해주고 계시는 소중한 의형(義兄)이자 스승 시미즈 다카시(清水 剛) 도쿄대학 대학원 종합문화연구과 교수, 출판계의 어려운 현실에도 불구하고 이 책의 한국출판을 결정

해 주신 당대출판사 박미옥 대표님과 책의 기획단계부터 '탈핵'
이라는 주제에 관한 강한 신념을 보여주시고 작업이 진행되는
내내 가장 큰 역할을 해주셨던 심영관 기획실장님, 둘도 없는 소
중한 친구이자 동업자이며, 늘 분골쇄신(粉骨碎身)이라는 말 이외
에는 달리 표현할 방법이 없는 헌신적 우정으로 필자를 이끌어
주고 있는 양헌재 서재권 대표, 마지막으로 이 책의 실질적 주인
인 한국과 일본 두 나라의 출판노동자 여러분께 이 지면을 빌려
진심 어린 감사의 마음을 전한다.

2013년 12월
옮긴이 홍상현